Friedrich Walter

Die Wahl Maximilians II.

Friedrich Walter

Die Wahl Maximilians II.

ISBN/EAN: 9783743624917

Hergestellt in Europa, USA, Kanada, Australien, Japan

Cover: Foto ©ninafisch / pixelio.de

Manufactured and distributed by brebook publishing software (www.brebook.com)

Friedrich Walter

Die Wahl Maximilians II.

Die Wahl Maximilians II.

Inaugural-Dissertation

zur

Erlangung der Doktorwürde

bei der hohen philosophischen Fakultät

der Universität Heidelberg

eingereicht von

Friedrich Walter

aus

Mannheim.

Heidelberg.
Universitäts-Buchdruckerei von J. Hörning.
1892.

Meinen Eltern

in Liebe und Dankbarkeit

gewidmet.

Die Geschichte der Wahl Maximilians II. und der ihr vorausgehenden diplomatischen Verhandlungen hat noch keine zusammenfassende Darstellung gefunden (vergl. unten). Was uns Häberlin darüber berichtet, ist nichts als ein schwerfälliger und unübersichtlicher Auszug aus Gesandtschaftsberichten und Wahlakten[1]). Die neuere Geschichtschreibung hat verschiedentlich über Einzelfragen, die hier inbetracht zu ziehen sind, gehandelt. Die Stellung Philipps II. zu Maximilians Wahl hat Heine nach spanischen Dokumenten im Archiv zu Simancas dargestellt[2]). Reimann und Schmid[3]) haben ausführlich die Beziehungen der römischen Kurie zur Wahl behandelt. Auch Maurenbrecher hat mehrmals über diese Zeit geschrieben[4]).

Zweck der folgenden Blätter ist, eine Darstellung dieser hochbedeutsamen Wahl zu geben im Rahmen der europäischen Geschichte und namentlich unter Hervorhebung der Sonderstellung, die Kurfürst Friedrich III. von der Pfalz dabei einnahm. Die Wahl Maximilians II. ist nicht nur sehr interessant, da bei den Verhandlungen allerhand bemerkenswerte Fragen zu Tage treten, sondern auch im höchsten Masse wichtig und entscheidungsvoll, da sie einen Wendepunkt in der Geschichte unseres Volkes bezeichnet[5]).

---

1) Häberlin, Neueste teutsche Reichs-Geschichte, Band 4, 467—636. 5, 1 ff. Halle 1777/78, nach Moser, Wahlkapitulation Franz' I. 2. Teil, p. 521—944. Frankf. 1747 (Akten über die Vorverhandlungen, nicht ganz vollständig, zusammengestellt vom kaiserl. Hofkanzleischreiber Veit Stoss) und Hoffmann, Sammlung ungedruckter etc. Nachrichten II. 293—456. (Wahlakten, gesammelt vom kurmainzschen Sekretär Simon Bag.)
2) Ad. Schmidts allg. Zeitschr. f. Gesch. 1847. Bd. 8, 1 ff.
3) Forsch. z. d. G. 8, 1 ff.; Hist. Jahrb. 6, 161 ff.
4) Vgl. besonders Hist. Zeitschr. 32, 221 ff.
5) Schon Häberlin, 4, 408, dann Ranke, Sämtl. W. 7, 19 und neuerdings Reimann. Forsch. 8, 17 haben auf die Wichtigkeit der Wahl hingewiesen. Vgl. auch Brieger, Preuss. Jahrb. 33 (1874), p. 613 ff.

Gerade als die Drucklegung dieser Dissertation beginnen sollte, erschien von Dr. Walter Goetz eine Abhandlung über dasselbe Thema mit besonderer Berücksichtigung der Politik Kursachsens (Würzburg, Beckers Universitätsbuchdruckerei 1891. Die Schrift erschien nicht, wie das Titelblatt angiebt 1891, sondern, wie mir vom Verlag mitgeteilt und vom Verfasser bestätigt wurde, erst Anfang Juni 1892). Meine Dissertation war, als ich — Ende Juni — die Goetz'sche Schrift zu Gesicht bekam, längst abgeschlossen und von der philosophischen Fakultät der Universität Heidelberg angenommen. Ich musste infolgedessen auf Änderungen, Nachträge oder polemische Erörterungen verzichten und überlasse die Feststellung von Abweichungen einem Vergleich der beiden Schriften. Im grossen Ganzen sind die Resultate der Goetz'schen Untersuchung dieselben, wie die der vorliegenden Abhandlung, vornehmlich auch, was die Beurteilung Maximilians betrifft. Leider war es mir nicht vergönnt, ein so umfängliches ungedrucktes Aktenmaterial zu benutzen, wie es Dr. Goetz zur Verfügung stand. Infolgedessen war es Goetz möglich, einzelne Partien schärfer und ausführlicher darzustellen. Das bezieht sich insbesondere auf die Haltung des Kurfürsten August und die Bemühungen Maximilians 1556—58. Trotzdem hat die sehr breite und ausführliche Darstellung Ungleichmässigkeiten (man vgl. z. B. p. 112, wie kurz die wichtige Sendung Warnsdorfs abgemacht ist) und Lücken aufzuweisen. Aus dem Marburger Archiv, das Goetz nicht benutzt hat, ist noch mancher Aufschluss über hierhergehörige Fragen zu erwarten, und ich behalte mir vor, dorther später nachzuholen, was mir aus vielerlei Gründen jetzt nicht möglich war.

Erstes Kapitel.
Vorgeschichte der Wahl. Maximilians religiöse Haltung.

Es war ein stolzes Programm, mit dem Karl V. vor den Wormser Reichstag von 1521 trat, es gipfelte in der Idee der Wiedererhebung der römischen Weltmonarchie zu ihrer alten Glorie. Es war eine überlebte Idee, für die das Reformationszeitalter kein Verständnis mehr hatte. Nahe am Ziele mit seinen universalen, halb Europa umfassenden Plänen scheiterte der Kaiser. Die Fürstenrevolution von 1552 stürzte ihn jäh von der erklommenen Höhe herab. Die aufständischen Fürsten liessen ein Manifest ins Reich gehen: sie hätten es lange genug mit angesehen, wie gegen den Eid des Kaisers die Deutschen mit fremdem Kriegsvolk überzogen, wie ihre Rechte, ihre Sicherheit gekränkt worden, wie man die deutsche Nation in unerträgliche, viehische, erbliche Servitut, Joch und Dienstbarkeit bringen wollte [1]. Allenthalben brach die Reaktion der in ihren Rechten bedrohten Stände gegen die ihre Existenz und das deutsche Wesen gefährdenden Bestrebungen Karls hervor, und der Kaiser, der noch einmal die Macht des mittelalterlichen Kaisertums heraufgeführt, der seiner Familie die Erblichkeit des Imperiums zu sichern gesucht, zog sich grollend in seine niederländische Heimat zurück, die ihm verhasst gewordenen Reichsgeschäfte seinem Bruder Ferdinand überlassend. Ferdinand I., der bereits 1531 zum römischen König gewählt war und nun auf dem Kurfürstentag zu Frankfurt 1558 nach dem feierlichen Verzicht des Bruders zum Kaiser proklamiert wurde, vermochte niemals, sich zu einer so gewaltigen Machthöhe emporzuschwingen, wie sie Karl V. bis

---

[1] Langenn, Moritz 1, 505 f. Vgl. Mocenigo 1548 bei Fiedler, Relationen (Fontes rer. Austr. 30) 155.

zum kühnen Zug des Kurfürsten Moritz innegehabt. Er liebte den Frieden und die Versöhnung; er gab den Fürsten nach, wo er nachgeben konnte, und er musste sich ihnen gegenüber nachgiebig zeigen, da er ihre Hilfe gegen die Türken brauchte. Die stete Türkengefahr und die Machtlosigkeit gegen die deutschen Fürsten waren die Hauptgründe der geringen Autorität Ferdinands[1]). Dazu kam als weiteres Moment die religiöse Spaltung im Reich.

Um die Mitte des Jahrhunderts waren die Protestanten in Deutschland weitaus in der Übermacht, die wichtigsten Territorien und Städte hingen der neuen Lehre an[2]), die seit dem Religionsfrieden gleichberechtigt neben dem Katholizismus stand. Der päpstliche Nuntius Commendone, der 1561 Deutschland bereiste, meldet das schmerzerfüllt nach Rom und berichtet, ausser Ingolstadt seien die deutschen Universitäten entweder schwach im katholischen Glauben, oder bereits ganz ketzerisch[3]). Welch eine Aussicht für den Protestantismus und die Zukunft Deutschlands! Aber noch mehr! Der erstgeborene Spross der österreichischen Linie des Hauses Habsburg, Maximilian, der wahrscheinliche Erbe der Kaiserkrone, hatte sich dem Protestantismus zugewandt und gab die Absicht kund, mit Hilfe der protestantischen Fürsten ein protestantisches Kaisertum in einem protestantischen Deutschland aufzurichten. Deutschland war nahe daran, ein völlig protestantisches Reich zu werden. Es kam anders.

Die erste Blüteperiode der neuen Lehre war schon vorbei, der Protestantismus zerfiel in Parteien, die Theologen befehdeten sich voll bitterer Feindschaft dogmatischer Streitpunkte halber[4]), und auf der

---

1) Soranzo 1562 bei Alberi, Relazioni degli amabasciatori veneti I, 6, 135.

2) Badoeros Angabe (bei Alberi I, 3, 182), wonach 1556/57 nur noch ¹/₁₀ des deutschen Volkes katholisch, ⁷/₁₀ lutherisch, ²/₁₀ zu akatholischen Sekten gehörig, (Soranzo 1562 Alberi I, 6, 133 berechnet diese auf 66) ist sicher etwas übertrieben.

3) Commendone in miscellanea di storia italiana 6, 202. Vgl. Ranke, Päpste S. W. 38, 10.

4) Der Niedergang des Protestantismus trat besonders seit dem Religionsgespräch zu Worms 1557 zu Tage. Die Differenzen wachsen von Tag zu Tag, berichtet 1561 der spanische Gesandte am Kaiserhof, Graf Luna (Colección de documentos ineditos Band 98, Madrid 1891, p. 207). Maximilian erkannte sehr gut die Gefahr, die daraus entsprang und ermahnte dringend — es geschah in seinem Interesse — zur Einigkeit. Lebret, Magazin zum Gebrauch der Staaten- und Kirchengeschichte 1785 Bd. 9, 122. 132. 190.

andern Seite erhob sich der Katholizismus wieder zu stärkerem Widerstand, zu energischen Massregeln, um das verlorene Terrain wieder zu gewinnen. Und der, auf den man hoffte, viel zu viel hoffte, Maximilian, er wandte sich vom Protestantismus ab und wurde wieder Katholik.

Um diese für Deutschland so verhängnisvolle Wendung Maximilians, die so innig verknüpft ist mit seiner Wahl, zu verstehen, müssen wir seine religiöse und politische Entwicklung näher betrachten und zunächst die Frage beleuchten, warum hat Maximilian die Schwenkung zum Protestantismus gemacht.

Schon im Sommer 1548 begegnen wir Spuren protestantischer Gesinnung bei Maximilian, denn wenn der protestantische Graf Wolrad von Waldeck in seinem Tagebuch[1]) von ihm schreibt: pietati non adversari videtur, und mit warmen Worten des jungen trefflichen Prinzen gedenkt, auf den Deutschland grosse Hoffnung setzen dürfe, dessen Abreise nach Spanien er in Deutschlands Interesse bedauert, so dürfen wir das wohl auf die aufkeimende protestantische Gesinnung Maximilians deuten[2]). Das widerstreitet gar nicht den verbürgten Nachrichten aus Spanien, wonach Maximilian sich dort als guter Katholik zeigte. Bei Maximilians Charakter, der sich, wie wir sehen werden, so geschickt den Verhältnissen anzupassen wusste, sind beide Nachrichten ganz gut zu vereinigen. Schon der Lehrer seiner Jugendzeit, Wolfgang Schiefer, ein Schüler Luthers, der ihn neben dem streng katholischen Historiker Ursinus Velius und Georg Tannstetter unterrichtete, soll auf Maximilians religiöse Haltung eingewirkt haben; in noch ausgedehnterem Masse geschah das durch seinen Hofprediger Johann Sebastian Pfauser, wenn wir auch nicht einen so ausschliesslichen und entscheidenden Einfluss Pfausers annehmen möchten, wie ihn fast allgemein die Geschichtschreibung und Pfauser selbst behauptet[3]). Pfauser kam, wie wir von Ferdinand selbst wissen[4]), durch Empfehlung des

---

1) Herausgegeben von Tross Litter. Ver. Bd. 59, p. 77 und 157.
2) Anders Reimann H. Z. 15, 2 und Maurenbrecher H. Z. 32, 225.
3) Pfauser in seinen Gesprächen mit Blahoslaw, dem Abgesandten der böhmischen Brüder. Gindely, Fontes rer. Austr. Bd. 19, 125 ff. Pfauser übertreibt hier offenbar. Über Pfauser: Strobel, Beiträge 1, 255—346; Reimann, H. Z. 15; ADB 25, 737—39. — Zu Schiefer vgl. Hirn, Ferdinand 1, 7.
4) In dem memoriale secretius für seinen Gesandten an Pius IV. 1560. Le Plat monumenta 4, 621.

Kardinals von Trient als Hofprediger an Ferdinands Hof, wo er dem katholischen Glauben völlig gemässe Predigten hielt. Aber da er verheiratet war, und das böses Blut machte, musste er seinen Abschied nehmen. Nach einiger Zeit, um 1555, berief ihn Maximilian als Prediger an seinen Hof. Pfauser, der entschieden auf lutherischer Seite stand, wenngleich er sich nicht immer offen dazu bekannte, schien durch seine Predigten, die zuweilen sehr stark antirömische Tendenz hatten, den Kaisersohn binnen kurzem völlig für die neue Lehre gewonnen zu haben, so dass Peter Canisius, der Jesuit, schon 1556 für Pfausers Entfernung agitierte[1]). Waren es lediglich religiöse Erwägungen, die Maximilian zum Anschluss an die neue Lehre bestimmten, oder wirkten dabei auch noch andere Beweggründe mit? Waren es nur die Gründe, die Seld, der Reichsvizekanzler, in seinem Gutachten von 1558 anführt?[2]). Seld hält nicht viel von Maximilians Luthertum, er meint, seine Abwendung vom Katholizismus sei veranlasst worden durch die Missbräuche, die im Leben der Geistlichen eingerissen seien und allenthalben Missfallen erregten. Das ist ebensowenig die richtige Auffassung wie diese: Maximilian sei ein begeisterter, überzeugungstreuer Protestant gewesen, — so liebte er selbst, sich den protestantischen Fürsten darzustellen — der erfüllt von der Wahrheit der evangelischen Lehre sich ihr zugewandt, dann aber durch politische Gründe gezwungen sich äusserlich wieder der katholischen Kirche angeschlossen habe. Die frühere Geschichtschreibung hat gerade in dieser Richtung viel zu günstig von ihm geurteilt.[3]) Maximilian verabscheute die Spanier und spanisches

---

1) Strobel a. a. O. 275 ff. — Sätze aus Pfausers Predigten teilt Strobel 282 ff. mit. Als besonders charakteristisch sei folgender angeführt: Qui nolit venire ad Christum, is dimittatur currere Romam ad diabolum vel matrem eius. Ein jüngerer Zeitgenosse, Lucas Geizkofler, dagegen sagt von Pfauser: er war in seinen Predigten behutsam und vorsichtig; mit höchster Bescheidenheit widerlegte er die Irrtümer der katholischen Lehre ohne alle Schmach und Scheltwort. So hat man in Wien, und wo er sich aufhielt, nicht anders gemeint, er sei ein guter katholischer (id est papistischer) Kaplan oder Beichtvater. Wolf, Lucas Geizkofler p. 21.

2) „ausabündiger treweyfriger Rahtschlag" etc. gedruckt 1612 p. 72f; auch bei Goldast Reichshandlungen 167—202 und bei Lünig Staatskonsilia I, 215—255.

3) Vgl. z. B. Pfister, Christoph von Württemberg 1, 104 oder Meyer, Forsch. 16, 570, dessen Urteil mir unbegreiflich ist. Er stellt bei Maximilian alle Halbheit, Zerfahrenheit und Inkonsequenz in Abrede und schliesst: „Wenn

Wesen, aber die kalte Berechnung, die Kunst schlauer Verstellung hatte er von ihnen, von seinem Oheim Karl V. Die tiefer blickenden Zeitgenossen wussten, was es mit der Freundlichkeit und Leutseligkeit auf sich hatte, die er gegen jedermann zur Schau trug, die ihn bald so allgemein beliebt machte. Der Venetianer Michele nennt ihn einmal den vollendetsten Hofmann, der gefunden werden könne [1]). Er zeigte jene Leutseligkeit, die ein grosser Denker und Menschenkenner — Spinoza im 3. Buch seiner Ethik — aus der Sucht zu gefallen und der Selbstliebe herleitet.

Wir wollen ihm durchaus nicht alles Interesse, nicht alle Empfänglichkeit für die protestantische Lehre absprechen — er mag Zeiten gehabt haben, wo er sich wirklich für sie begeistern konnte, er las eifrig die Bibel und Luthers Werke; was ihm an protestantischen Werken fehlte, liess er sich von seinem Freund, dem Herzog Christoph von Württemberg schicken; wie dieser unterstützte er den slavischen Bibeldruck in Württemberg; er lauschte mit ernster Aufmerksamkeit den Worten seines Hofpredigers; er stand mit Melanchton in Briefwechsel über dogmatische Fragen; aber das alles war nur von vorübergehender Bedeutung bei ihm und darf uns nicht irreleiten [2]). Wir müssen in Maximilians Charakter zwei mächtig wirkende Faktoren unterscheiden: einmal die empfängliche und tief gemütvolle Begeisterung für alles Wahre und Schöne, aus der zu Zeiten ein inniges religiöses Interesse entsprang, und daneben die rücksichtslose, kalt berechnende Selbstsucht, für die es zur Erreichung ihrer Zwecke keine Schranken giebt. Beide Faktoren liegen in beständigem Kampf, oft scheint es als solle der erste siegen, aber er unterliegt rettungslos dem mächtigeren Gegner und muss unter Heuchelei und Verstellung kümmerlich sein Dasein fristen. Im innersten Grunde waren die Motive für Maximilians religiöse Haltung rein politischer,

---

die Voranstellung der idealen vor den materiellen Gütern, das unverrückte Festhalten an ihnen trotz aller Lockungen des äusseren Gewinns den mutigen, charaktervollen Mann ausmacht, so ist Maximilian ein solcher gewesen, trotzdem der Erfolg ihm nicht zur Seite getreten ist". Falscher ist Maximilian wohl niemals beurteilt worden.

1) „uno delli più perfetti corteggiani, che si trovasse." Fiedler 242.
2) Mocenigo bei Alberi I, 6, 118. Lebret 111 ff. Strobel 268 ff. Notizenblatt zum Archiv f. Kunde österr. Gesch. Quellen. 2, 199 ff. und 213 ff.

selbstsüchtiger und dynastischer Art, dieselben, die so manchen deutschen Fürsten zur Schwenkung ins protestantische Lager veranlassten. Maximilians Protestantismus besteht weniger in einem Übertritt zum protestantischen Glauben, als in einer Annäherung an die mächtige protestantische Partei, mit deren Hilfe er seine politischen Ziele erreichen wollte. Zeitweilig mag er auch von wirklich tiefer Hingabe an die neue Lehre erfüllt gewesen sein, das steht nach den Berichten ausser Zweifel, kommt aber bei der Beurteilung seiner religiösen Haltung nur in zweiter Linie inbetracht.

Wie bekannt, zwang Karl V. im Frühjahr 1551 nach mannigfachen Vorverhandlungen, die fast die Einigkeit des Hauses Habsburg zerstört hätten, Bruder und Neffen zu den Augsburger Successionsverträgen, worin festgesetzt wurde, dass auf Karl V. Ferdinand als deutscher Kaiser folgen sollte, ihm zur Seite als römischer König und Coadjutor Philipp von Spanien, auf Ferdinand als Kaiser Philipp, als König und Coadjutor Maximilian.[1]) Nur mit grösstem Widerwillen und indem er im geheimen seinen Widerstand fortsetzte, fügte sich Ferdinand in diesen Vertrag, durch den Karl V. das Zusammenhalten der spanischen und österreichischen Linie für immer gesichert zu haben meinte. Maximilian empfand schwer die Zurücksetzung hinter den kaum älteren Vetter. Wer bürgte ihm dafür, dass Philipp, einmal zum deutschen Kaiserthron emporgestiegen, ihm wirklich, wie er versprochen, die Nachfolge verschaffen und nicht vielmehr das Imperium seiner Linie vorbehalten würde? Maximilian hasste Philipp als seinen Nebenbuhler, er hasste Karl V., der jene ungünstigen Bestimmungen durchgesetzt, der ihm niemals eine seiner Stellung und seinen Fähigkeiten entsprechende Rolle anwies. Er war unbefriedigt durch seines Vaters Verhalten, der in jene Verträge gewilligt, der sogar in Verhandlungen wegen der Erbfolge mit Sachsen und Brandenburg eintrat[2]), der ihm zwar den Titel eines Königs von Böhmen verschafft, die Regierung aber dem Zweitgeborenen, Ferdi-

---

1) Die Originaldokumente bei Maurenbrecher. Karl V. und die deutschen Protestanten. Anhang IX. Über die projektierte Succession Philipps handeln zwei Programme von Soldan. Jahresberichte der Crefelder Realschule 1876 und 1879.

2) Lanz, Staatspapiere p. 477 ff.

nand, übertragen¹). Das alles musste Maximilians Innerstes empören.

Er war eine Natur, die das Bedürfnis hatte, zu herrschen und zu befehlen, ein Mensch von bedeutenden Anlagen, scharfem Verstand, umfassendem Ehrgeiz, hochfliegenden Plänen. Philipp war in Deutschland gehasst, Maximilian beliebt, man hegte die grössten Erwartungen von ihm. Er galt der Welt als eine aufsteigende Sonne, die alles mit neuem Glanz erleuchten werde²). Disegna a gran cose, das ist das übereinstimmende Urteil der venezianischen Botschafter vom Ausgang der vierziger Jahre an³). Seld urteilt von ihm, er übertreffe seinen Vater an Genie und Richtigkeit des Urteils⁴).

Sollte ein Mensch von diesen Anlagen, von diesem durch die Zurücksetzung noch gesteigerten Ehrgeiz, ein Mensch von so kalter, zielbewusster Berechnung, wie Maximilian es war, unter solchen Verhältnissen nicht zu dem Entschluss gelangen, mit Hilfe der Gegner seines Hauses das zu erreichen, was ihm die Freunde und Verwandten verschlossen? Man wird nicht fehl gehen, wenn man gerade in die Zeit der Augsburger Traktate Maximilians entschiedene Wendung zum Protestantismus ansetzt. Es ist das allerdings nur ein Schluss aus der Entwicklung Maximilians, nicht aus direkten Belegen.

Die Absicht Karls, seinem Sohn die Nachfolge im Reich zu sichern, stiess bei den deutschen Fürsten auf den grössten Widerstand.

---

1) Alberi I, 6, 119 und 151. Gindely 136, 147. Eine Zeit lang trug sich Ferdinand sogar mit der Absicht, Erzherzog Ferdinand, seinen Lieblingssohn, statt Maximilian zum König von Böhmen zu machen. Lünig Staatskonsilia 1, 540.

Fast alle venetianischen Relationen bieten Belege dafür, dass Maximilian gegen sein Haus intriguierte, weil er sich von den Häuptern desselben „mal Soddisfatto" fühlte. Vgl. Calendar Venetian VI no. 595. 763.

2) Michele 1564 bei Fiedler 242. — Soldan 1876, 27. 30.

3) Vgl. Navagiero 1547, Contarini 1548, Tiepolo 1557, Capello 1558, Soranzo 1562 u. a. Alle haben ausführliche Charakteristiken Maximilians. Unsere stützt sich in der Hauptsache auf die Relation Paolo Tiepolos bei Alberi I, 3, 151 ff. (bei Döllinger, Beiträge zur politischen, kirchlichen und Kulturgeschichte 1, 241 ff. irrtümlich dem Soriano zugeschrieben, dessen Relation von 1554/5 noch nicht publiziert ist). Auch äusserlich war Maximilian ganz ein Habsburger. Soranzo: è di statura mediocre, e assai pieno di carne, ha gli occhi vivi e grossi, il naso aquilino, e le labbra grosse". (Alberi I, 6, 150.)

4) Seld an Granvella 4. Nov. 1564 bei Raumer Briefe aus Paris 1, 31 note 1.

Die Verhandlungen mit den Kurfürsten gelangten zu keinem Resultat[1]), und die Unruhen des Jahres 1552 waren hauptsächlich auch gegen diese Pläne Karls gerichtet. Offen kehrte der 1553 gegründete Heidelberger Fürstenverein, dem auch Ferdinand beitrat, seine Spitze gegen Philipps Wahl[2]). Wie? Wenn Maximilian mit diesen oppositionellen Elementen des deutschen Fürstentums Interessengemeinschaft schloss?

Im Jahr 1549 taucht das spanische Successionsprojekt auf, bald darauf sehen wir Maximilian in nähere Beziehungen und freundschaftlichen Briefwechsel mit protestantischen Fürsten treten[3]). Seit Ende des Jahres 1550 suchte er Anschluss an Moritz von Sachsen, im März 1551 liess er ihm durch Carlowitz schreiben: er halte den Kurfürsten für seinen besten und liebsten Freund, den er auf der Welt habe, es werde ihm lieb sein, dies durch die That zu beweisen[4]). Zu einer offenen Parteinahme für Moritz kam es nicht, aber im Aufstand 1552 standen Maximilian und auch sein Vater mit ihren Interessen gegen den Kaiser. Ein offenes Einverständnis ist mit dem bis jetzt vorliegenden Material nicht zu belegen, auch nicht für Maximilian. Seine und seines Vaters Briefe an Karl V., worin sie jede Spur von Parteinahme und Einverständnis leugnen, beweisen natürlich nichts[5]). Noch weniger können wir die Frage entscheiden, ob Maximilian damals mit Frankreich in intimer Verbindung stand. Seine antispanischen Tendenzen wiesen ihn ja allerdings dahin, er hatte Beziehungen

---

1) Lanz, Staatspapiere p. 26 f. Auch nicht beim Pfalzgrafen vgl. Druffel, Beiträge zur Reichsgesch. III. Vorrede p. XIX. Soldan, Progr. 1879. Die Kurfürsten wiesen insgesamt das Ansinnen Karls zurück.
2) Ranke S. W. 5, 223.
3) Druffel III. No. 599 Anm. 1.
4) Langenn, Moritz 1, 460.
5) Sehr auffällig ist jedenfalls eine Äusserung Maximilians gegen den sächsischen Gesandten Sebottendorf 1555: Und wäre damals in Innsbruck Zeit gewesen nachzufolgen, man hätte den Kaiser leichtlich bekommen können, welches er (M.) nicht fast erschrocken gewesen und vertraulich zu reden, so hätte er es gern gesehen und sehe es noch gern, dass es einmal recht zuginge. (Archiv f. d. sächs. Gesch. 3, 315. Vgl. über Moritz ebenda 313.) Zuviel darf man aus diesen Worten nicht folgern, Maximilian liebte die grossen Worte und wollte dem Sachsen schmeicheln. Vgl. auch Druffel No. 1022 und 1849. Ranke S. W. 5, 375.

angeknüpft; wie weit diese aber vorgeschritten, ist nicht zu erkennen¹).

Besser unterrichtet sind wir über die späteren Beziehungen Maximilians zu den protestantischen Fürsten. Seit Anfang der fünfziger Jahre steht er mit Christoph von Württemberg in einem intimen Briefwechsel, der bis 1568, Christophs Todesjahr, anhält²). Der vertraute Verkehr Maximilians mit dem Kurfürsten August beginnt jedenfalls bald nach Moritzens Tod, die hieraus erhaltenen Briefe und Relationen gehören zu den interessantesten und wichtigsten Dokumenten für die Kenntnis der religiösen Stellung und psychologischen Entwicklung Maximilians³). Neuerdings ist auch einiges über Maximilians Beziehungen zum Markgrafen Hans von Küstrin bekannt geworden. Er benutzte den entschieden protestantischen Fürsten, der ihm mit grosser Offenheit entgegenkam und arglos an seine überschwänglichen protestantischen Gesinnungen glaubte, zu Verhandlungen mit den Führern des Protestantismus. Seit 1556 stand er mit ihm in Korrespondenz⁴).

So nahm Maximilian eine ganz eigenartige Stellung ein, zu der ihm eben ausser jenen spanischen Successionsplänen, die Karl V., als ihm in der Heirat seines Sohnes Philipp mit der katholischen Maria von England eine neue grosse politische Kombination geglückt war, beiseite gelegt hatte⁵), noch ein zweites bestimmte: der Hinblick

---

1) Druffel No. 599 Anm. 1 (im 3. Band).

2) Leider haben wir keine dem Stand moderner Forschung entsprechende Ausgabe dieses wichtigen Briefwechsels. Was Lebret im 9. Band seines Magazins p. 1—262 gibt, ist lückenhaft, schlecht geordnet und schlecht ediert. Für die Zeit vom 1. bis 23. Juli 1560, vom 23. Juli bis 5. Oktober, vom 5. Oktober 1560 bis 13. Januar 1561, vom 27. August 1561 bis 24. Mai 1562, also gerade für die uns am meisten interessierende Zeit, lässt uns Lebret ganz im Stich. Der erste Brief vom 25. Februar 1554 setzt schon nähere Bekanntschaft und früheren Briefwechsel mit Maximilian voraus.

3) Sie liegen leider nur unvollständig in Auszügen vor. von Weber, Archiv f. d. sächs. Gesch. III, 309 ff.

4) Chr. Meyer teilt in Forsch. 16, 562—570 Auszüge, in Zeitschr. f. preuss. Gesch. und Landeskunde XV, 113—150 den Wortlaut der zwischen Maximilian und Johann 1556—60 gewechselten Briefe mit.

5) Karl an Ferdinand. Lanz Korrespondenz 3, 622 ff. Maximilian glaubte nicht daran, dass Karl endgiltig auf seinen Plan verzichtet habe, er fürchtete, er werde ihn bei Gelegenheit wieder aufnehmen. Ranke S. W. 7, 50 Note 2.

auf das Übergewicht des Protestantismus in Deuschland, unter den deutschen Fürsten.

Seit 1555 gewahren wir katholischerseits die mannigfachsten Anstrengungen, Maximilian dem Katholizismus wiederzugewinnen und Pfauser aus seinem Hofhalt zu vertreiben. Besonders die Jesuiten, voran ihr Führer Canisius, arbeiteten in diesem Sinn und trieben den alten König Ferdinand, der mit Schmerz die ketzerische Wendung seines Sohnes bemerkte, zu entscheidenden Schritten. Von Augsburg aus, wo er mit den Ständen über den Religionsfrieden verhandelte, sandte Ferdinand im Anfang des Jahres 1555 ein hartes Schreiben an Maximilian, worin er dessen religiöse Haltung aufs höchste tadelte. Maximilian hatte zuerst die Absicht, persönlich nach Augsburg zu gehen und dort sich und seinen Prediger vor dem König und den Reichsständen zu verteidigen, er entschloss sich dann aber zu einem Entschuldigungsschreiben, das ein Edelmann überbrachte. Pfauser befahl er Mässigung [1]).

Bitter beklagte sich Maximilian in derselben Zeit gegenüber dem sächsischen Gesandten Sebottendorf: er habe Ketten an Hals und Fuss, er werde gehalten wie ein Mönch im Kloster, allein er habe einen breiten Rücken, er könne es ertragen bis zu seiner Zeit [2]). Am 10. August 1555 machte Ferdinand in Augsburg ein Kodizill zu seinem Testament, worin er Maximilian ermahnt, bei der katholischen Lehre zu bleiben. „Ich wollt viel lieber Euch tot sehen, als dass Ihr in die neuen Sekten und Religionen fallen solltet", schreibt Ferdinand [3]).

Die Anfeindungen dauern fort. Die Korrespondenz mit August von Sachsen wird intimer; August ermahnt Maximilian, bei der rechten Lehre auszuharren. Maximilian sendet ihm oft geheime Mitteilungen auf besonders präpariertem Papier mit chemischer Tinte geschrieben, oder in Chiffernschrift. Er nähert sich Hans von Küstrin, sendet ihm seinen vertrauten Rat Kaspar von Nidbruck mit geheimen Aufträgen, klagt ihm seine Bedrängnis und bittet um Rat. Der Markgraf ermahnt ihn, bei der evangelischen Lehre auszuharren [4]).

---

1) Gindely 132. Arch. f. d. sächs. Gesch. 3, 313. Gindely 135. 138.
2) Sächs. Archiv 3, 311—315.
3) Buchholtz, Gesch. Ferdinands I. 8, 753 ff.
4) Meyer 114. 118—128. 133. Sächs. Archiv 3, 315 und 316.

Das Verhältnis zu Christoph von Württemberg wird vertrauter. Durch Christophs Vermittlung tritt Maximilian in Verbindung mit Johann Philipp, dem Rheingrafen von Dhaun, einem geächteten deutschen Edelmann, der als Reiterführer und politischer Agent in französischen Diensten eine abenteuerliche Rolle spielt[1]). Christoph giebt seinem königlichen Freunde den Rat, mit Frankreich anzuknüpfen, er begründet das ausführlich in seinem Brief vom 24. Mai 1557: damit könnten allerhand Gefahr und Zweiung im Reich und widerwärtige Praktiken abgeschnitten werden. Absichten auf das Kaisertum seien vom französischen König nicht zu befürchten[2]).

Das Ziel ist klar: es galt Trennung der beiden habsburgischen Linien. Virail, ein französischer Edelmann, wurde zu Verhandlungen abgeschickt, zu denen auch Ferdinand zugezogen werden sollte. Aber dieser liess sich nicht darauf ein, er versagte dem Gesandten das Geleit, da Krieg zwischen Philipp II. und Frankreich bestehe[3]). Maximilian war sehr erbittert über seinen Vater, schrieb persönlich an Virail und bat um Fortsetzung der guten Beziehungen. Wir sehen: wo Maximilian in seiner isolierten Stellung Freunde bemerkt, sofort sucht er Anknüpfung.

Mit der Zeit wurde der Gegensatz zwischen Ferdinand und Maximilian immer schärfer, wurde Pfauser immer mehr in die Enge getrieben. „Niemals", berichtet Vergerius, der 1558 bei Maximilian war, „zeigte Ferdinand so strengen Eifer und so bittern Zorn gegen unsere Religion als jetzt"[4]). Die Stellung Pfausers, dem man mit Unrecht alle Schuld an seines Herrn Haltung beimass, wurde immer unhaltbarer. Im September 1558 erkundigt sich Landgraf Philipp

---

1) Lebret 66. 68. 69. 75. 81. 86. 88 etc. Tiepolo 1557: (Alberi I, 3, 152) attacó pratica di trattazione col re di Francia. — Über den Rheingrafen und seinen Bruder handelt ein etwas antiqnierter Aufsatz von Barthold in Raumers Hist. Taschenbuch N. F. IX, 331—448.
2) Lebret 95. 87.
3) Lebret 87; vgl. 94. 97. 104.
4) Vergerius' Briefwechsel mit Christoph von Württemberg, herausg. von Kausler und Schott. Litterar. Ver. Bd. 124 p. 166. Hier bestätigt Verger auch jene erregte Szene zwischen Pfauser und Ferdinand, der den Prediger beschimpfte, bespie und mit dem Dolche bedrohte. Gindely 171 ff. Von Strobel

besorgt bei Kurfürst August, „ob auch König Maximilian seinen Prädikanten noch habe" [1]).

Als 1558 wegen Karls V. Abdankung und Ferdinands Proklamation ein Streit zwischen Kaiser und Papst entbrannt war, und Verhandlungen schwebten über eine Verständigung und über Ferdinands Kaiserkrönung, entstand in Wien der Entwurf einer Verteidigung auf päpstliche Beschuldigungen. Hierin erklärte der Kaiser, er werde Maximilian in Böhmen nicht succedieren lassen, obwohl er dort bereits zum König gewählt sei, ihm auch sonst keines seiner Lande übergeben und dafür sorgen, dass Maximilian, wenn er Ketzer bleibe, nicht zum römischen König gewählt werde, sondern ein gut katholischer Fürst. Dies Schriftstück blieb Entwurf. Ferdinand liess sich auch nur im hellsten Feuer seines Zorns zu solchen Erklärungen hinreissen, die er doch niemals zu bindenden Versprechungen gemacht hätte. Wir sehen daraus aber, wie weit sich Ferdinand durch Jesuiten und Spanier vorwärts drängen liess [2]).

Seit Ferdinand vom Augsburger Reichstag von 1559 zurückgekehrt war, ging er schärfer denn je gegen Maximilian und Pfauser vor. „Man plagt mich, ich möchte wohl grau und blau werden", klagt Maximilian dem sächsischen Gesandten Sebottendorf im April 1560, „aber es soll mich von der Erkenntnis göttlichen Wortes kein Drohen noch Schrecken, oder zeitliche Wohlfahrt, oder Ehre bewegen. Es ist mein Vater, des Kaisers Majestät oft an mir gewesen, hat neulich noch an mir angehalten, ich sollte davon abstehn, wo nicht, so wolle er mich so tief wieder erniedrigen, als sie mich erhoben und zu Ehren gefördert". „Ihre Majestät gar obduratus ist et contra oportet non est remedium", schreibt er an Markgraf Johann, „also dass ich wahrlich in grosser Betrübnis und Gefährlichkeit meines Lebens bin" [3]). Das kennzeichnet uns die Stimmung, in der Maximilian sich befand. Im Beginn des Jahres 1560 musste er seinen

---

1) Heidenhain, Unionspolitik Philipps von Hessen. Beilage 15.
2) Goldast, Reichshändel 166 f. Sickel, Zur Gesch. des Konzils von Trient, p. 28. Heidenhain a. a. O. Beil. 37. Heidenhain p. 464 ff. bezeichnet dies Dokument als zweifellos gefälscht. Für die Authenticität ist jedoch die eigenhändige Aufschrift des Kanzlers Seld entscheidend; vgl. Maurenbrecher H. Z. 32. 274.
3) Sächs. Arch. 3, 323 f., vgl. p. 322 und Languets Briefe arcana II, 27 und 30 f. Meyer 132. 140.

Prediger aufgeben, er empfahl ihn seinem Freund Christoph, der sich auch bereit erklärte, dem Verbannten mit Weib und Kind „Underschlauff" zu geben. Pfauser ging nach Lauingen an der Donau, wo er 1569 als Superintendent starb[1]).

Man glaubte in Deutschland, nun sei es auch mit Maximilians Protestantismus vorbei[2]), vorläufig aber war Maximilian noch fest, oder gab sich wenigstens den Anschein fest zu sein. Er rechnete auf eine Erhebung des Protestantismus zu seinen Gunsten, er hoffte auf einen zweiten Moritz, ein zweites Innsbruck. Er spielte seinen letzten Trumpf aus gegen seinen Vater, indem er diese Bewegung in Scene zu setzen suchte, vielleicht ermutigt durch die Verwendung der Kurfürsten von Sachsen und Brandenburg, die durch den kaiserlichen Gesandten Hassenstein den Kaiser im Februar 1560 baten, Maximilian in Religionssachen unangefochten zu lassen[3]).

In den ersten Tagen des April 1560 sandte Maximilian seinen vertrauten Rat, Nikolaus von Warnsdorf, an die protestantischen Fürsten ab[4]). Er liess ihnen versichern, dass er die Augsburgische Konfession als die wahre christliche Religion erkenne, dass er in ihr sein Ende beschliessen, ja Kreuz und Verfolgung erdulden wolle. Zugleich bat er um Antwort in zwei Punkten: einmal, welche Schritte er thun solle, wenn der Kaiser ihm fürder keinen protestantischen Prediger mehr gestatte und ihn „zu der päpstischen Mess und andern dergleichen Ceremonien und Missbräuchen" zwingen wolle, zum andern,

---

1) Schelhorn, Ergötzlichkeiten I, 101 ff. Die hier abgedruckten Briefe fehlen bei Lebret. Strobel, 1, 302 f. Kluckhohn, Briefe Friedrichs des Frommen I, 122 Note 2. Der Herzog Wolfgang von Zweibrücken und Neuburg, in dessen Land Pfauser sich niederliess, bat Maximilian am 30. Juni 1560, Pfauser aufzunehmen. Schlichtegroll, Herzog Wolfgang p. 146. Zur Charakteristik Pfausers der sich nicht in allen Lagen als überzeugungsstarker Glaubensheld gezeigt zu haben scheint, vgl. Gindely 137. 140. Meyer 126.

2) Languet an Peucer arcana 2, 44.

3) Sächs. Arch. 319. 327. 328. Ferdinand war sehr aufgebracht über diese Einmischung.

4) Sächs. Arch. 3, 317. Kluckhohn, Briefe II, 1033 f. Rommel, Philipp von Hessen 2, 277 f. Über Warnsdorf, den edlen und gelehrten Schlesier, der in Wittenberg studiert hatte und der lutherischen Lehre ergeben war, äussert sich Verger an Christoph, (19. Februar 1558 Briefwechsel p. 159) Maximilian halte ihn sehr wert. „Magna est ingenii dexteritate magnaque prudentia, sed inprimis singulari pietate atque innocentia vitae".

welche Hilfe er von den Fürsten zu erwarten habe, wenn er vom Kaiser oder Papst wegen seines Bekenntnisses verfolgt würde. Mitte April war Warnsdorf in Sachsen, am 25. April antwortete Kurfürst August. Den ersten Teil seines Briefs bilden Ermahnungen, Maximilian solle seinem Bekenntnis treu bleiben. Er widerrät ihm, etwas Thätliches gegen Ferdinand zu unternehmen. Zu weiterer Intercession erklärt er sich bereit, auch schlägt er eine Zusammenkunft der weltlichen Kurfürsten vor, denen Maximilian seine „Notdurft" vortragen könne. Zu Versprechungen lässt sich August nicht herbei, das konnte er auch nicht bei seiner vorsichtig lavierenden, habsburgfreundlichen Politik [1]). Schon am 2. Februar 1560 hatte Maximilian an Hans von Küstrin geschrieben und ihm seine bedrängte Lage geschildert, er hoffe zu Gott, der Markgraf und seine andern guten Freunde würden ihn im Fall der Not nicht verlassen. Er täuschte sich. Warnsdorf erhielt auch vom Markgrafen und dessen Bruder, dem Kurfürsten Joachim, bei denen er Mitte Mai war, eine kühle, ablehnende Antwort voll Ermahnungen und Vertröstungen [2]). Ende Mai wird Warnsdorf beim alten Landgrafen Philipp von Hessen gewesen sein. Auch hier keine Spur von thatkräftiger Unterstützung in casu necessitatis! Philipp hatte für Maximilian nichts als den wohlfeilen Rat, nicht aus dem Lande zu gehen, sondern um Abschaffung der missbräuchlichen päpstlichen Ceremonien zu bitten [3]).

Und Friedrich von der Pfalz? In den ersten Tagen des Juni ist Warnsdorf in Heidelberg. Am 5. Juni giebt Friedrich seinen Bescheid.[4]) Auch Friedrich rät Maximilian, er solle sich seinem Vater nicht widersetzen, dabei aber sich offen beim Kaiser gegen die katholischen Missbräuche erklären, um dadurch vieler Menschen Argwohn von sich zu schieben. Wenn er fliehen müsse, so werde er

---

1) Sächs. Arch. 3, 328 f. (nicht 318 ff., wie v. Weber meint).
2) Warnsdorfs Werbung. Meyer 144. Die Antwort, Cöln 12. Mai 1560. Meyer 145 ff. Hinter langen Sätzen voll Ermahnungen und Vertröstungen verbirgt sich die Absage der Fürsten.
3) Rommel 2, 578 (nicht im Wortlaut bekannt). Das „verstümmelte Concept" der Antwort Philipps, das Rommel vorfand, ist im Marburger Archiv nicht mehr vorhanden.
4) Wir kennen ihn aus Friedrichs eigenhändiger Aufzeichnung. Kluckhohn, Briefe 2, 1034.

von Friedrich unverlassen sein, doch hoffe er, Maximilian werde tragen, was Gott ihm schicke. Wenn der Papst oder der päpstliche Haufe ihm zusetze, so wolle der Kurfürst sich so gegen ihn erweisen, dass Maximilian sein freundlich Gemüt und Meinung im Werk befinden könne, vorausgesetzt aber, dass keine Eidespflicht ihn dabei behindern werde.

Hier war ja etwas mehr versprochen, aber doch so unbestimmt, mit so manchem Wenn und Aber, dass Maximilian eben höchstens im Fall der grössten Not davon Gebrauch machen konnte. Ein zweiter Moritz erstand ihm auch in diesem Kurfürsten nicht, der ihm zu dulden riet, der nicht gegen seine Eide, das will sagen, gegen Kaiser und Reich handeln wollte, der zu alledem — wir werden das noch genauer sehen — nicht einmal fest an Maximilians Protestantismus glaubte. Auch Christoph von Württemberg, zu dem Warnsdorf zweifellos ebenfalls geschickt wurde[1]), wird dem König keine befriedigenden Zusagen gemacht haben, wie dieser sie erwartete und brauchte.

Die protestantischen Fürsten fanden sich nicht bereit, offen für ihn gegen den Kaiser einzutreten. Mit ihrer Hilfe sein Ziel zu erreichen, dazu bot sich ihm keine Aussicht mehr dar. Jetzt gab er dem Vater nach[2]). Durch religiöse Ermahnungen und Religionsgespräche liess ihn die Kurie und der spanische Hof bearbeiten, der spanische Beichtvater Marias, Francisco de Cordova, der spanische Gesandte Graf Luna, drei Nuntien Hosius, Commendone und Delfino, sie alle bemühten sich ihn umzustimmen, im Grund genommen mit

---

1) Belege sind nicht bekannt. Schon im März 1558 war Warnsdorf, höchstwahrscheinlich mit ähnlichen Aufträgen bei Christoph in Frankfurt. Lebret 116. 119. 121 f. und ebenso auf dem Reichstag zu Augsburg 1559. Lebret 154.

2) Es war thatsächlich der Mangel an Entgegenkommen seiner protestantischen Freunde ein Grund — nicht der entscheidende — zu Maximilians veränderter religiöser und politischer Stellung. Das leugnet Kluckhohn auf grund von Friedrichs Antwort. Friedrich der Fromme p. 187 und Anm. 2. — Über all diesen und früheren Verhandlungen mit dem Fürsten schwebte für Maximilian sicher der Gedanke an die Erwerbung der deutschen Krone. Der Verkehr mit Markgraf Johann hatte, wie wir aus den Briefen ersehen, direkt den Zweck, Maximilians Wahl vorzubereiten. Vgl. Soranzo bei Alberi I, 6, 139 f. und Lippomano 1555 bei Maurenbrecher. Karl V. und die deutschen Prot. 181*.

wenig Erfolg¹). Den Ausschlag zu Maximilians Wendung gaben dynastische Erwägungen. Er sah seinen Vater entschlossen, nicht eher seine Succession in den österreichischen Erblanden zuzulassen, nicht eher seine Wahl einzuleiten, als bis er unverbrüchlich sich zum Katholizismus erklärt²).

Dazu kam ein weiteres. Philipp von Spanien war ohne Thronerben, Carlos war unfähig zur Thronfolge, ein männlicher Spross vorläufig nicht zu erwarten, Spanien mit seinen ungeheuren Besitzungen und Reichtümern winkte dem ehrgeizigen Habsburger als leuchtendes Erbe. Gleich wie der Satan den Herrn Christum — diesen abgeschmackten Vergleich gebrauchte Maximilian selber — habe ihn der Vater auf den Berg der Versuchung geführt und ihm alle jene Länder gezeigt, die seiner warteten, wenn er sich zur katholischen Kirche bekenne. Damals antwortete er dem Vater, er wolle um zeitlicher Ehre, Pracht und Herrlichkeit willen nicht sein ewiges Heil verlieren, er könne nicht wider sein Gewissen handeln, noch im April 1560 versicherte er dasselbe dem sächsischen Gesandten³). Es waren eitle Worte, er hielt sie nicht.

Fortan sehen wir Maximilian langsam und vorsichtig wieder in die Bahnen der alten Kirche hinüberlenken. Es galt, die Gunst der katholischen Fürsten zu gewinnen, und daneben, die der protestantischen nicht zu verlieren. Das bedingte eine zwitterhafte Haltung voll Verstellung und Schein; „temporisieren, der Zeit nachhangen", nannte er's. Bezeichnend ist das Wort der englischen Gesandten Knolles und Mund: „Maximilian bears himself so that the Protestants stand in good hope, the Papists do not despair, and he is liked by both"⁴).

---

1) Auch mit Ehescheidung wurde ihm gedroht. Lünig, Staatskonsilia 1, 540. Aber Maria selbst konnte sich nicht dazu entschliessen. Sächs. Archiv 3, 327. Forsch. 16, 568.

2) Vgl. Gratianus in der vita Commendoni lib. 3. Tom. 2. p. 267. (Buchholtz 8, 708 Anm.) Er misst das Hauptverdienst an Maximilians „Bekehrung" Ferdinand bei, der erklärt habe: ad alium filium natu minorem imperium et nomen Caesaris delaturum. Daraufhin habe Maximilian abgelassen a nefariae opinionis professione. Am 2. Februar 1560 schreibt Maximilian an Hans von Küstrin: „In Sonderheit des Königs von Hispania Botschaft ist der, der das Rädlein am allermeisten bei der K. M. treiben thut." Meyer 141.

3) Sächs. Arch. 3, 324.

4) Calendar of state papers. Foreign series 1562. p. 552.

Ähnlich urteilen die Venetianer [1]). Am deutlichsten erhellt diese zweizüngige Haltung aus Maximilians Stellung zum trienter Konzil. Den Päpstlichen gegenüber spricht er seine Freude am Zustandekommen aus und verspricht thätige Beihilfe, den Protestanten gegenüber findet er nicht Worte genug für seinen Abscheu gegen dies elende conciliabulum [2]).

Von einer religiösen Wandlung Maximilians können wir eigentlich nicht sprechen, Bekehrung dürfen wir seinen Schritt nicht nennen, auch nicht einen ungern und gezwungen gefassten Entschluss gegen bessere Überzeugung. Davon besass Maximilian nicht sonderlich viel [3]). Wie seine Wendung zum Protestantismus, so ist auch die neue religiöse Haltung, die er jetzt einnahm, der er zum Nachteil des Protestantismus sein ganzes Leben hindurch treu blieb, nur bedingt durch dynastische und politische Motive. Wahrlich an diesem Manne hatte der Protestantismus nicht viel verloren! Und doch! Wie verhängnisvoll wurde seine Regierung für die protestantische Lehre, für die Geschichte des deutschen Volkes, das er der jesuitischen Reaktion preisgab! [4])

---

1) Soranzo bei Alberi I, 6, 151. Schon Tiepolo 1557 (bei Alberi I, 3, 151 f.) beurteilt von diesem Gesichtspunkt aus sehr richtig Maximilians Haltung. Vgl. auch Vargas bei Heine Zeitschr. f. Gesch. 8, 15.

2) Sickel 162. Doc. ined. 98, 173. 227. Theiner Mon. Vet. Pol. 2, 616. Epistulae Pogiani 2, 219. Lebret 190 f.

3) Man hat früher Maximilians Charakter und religiöse Haltung mit viel zu lichten Farben gezeichnet. Auch von katholischer Seite war man geneigt, von Maximilians Protestantismus zu wenig, von seiner „Bekehrung" zu viel zu halten. Doch kommt Janssen, Gesch. des deutschen Volkes IV, 199 zu dem Urteil über Maximilian: „Einem solchen Manne war weder von katholischer, noch von protestantischer Seite zu trauen". Ranke, Reimann und Brieger namentlich haben Maximilian zu günstig beurteilt, zutreffender Maurenbrecher, schärfer Ritter D. G. I, 253 ff. und am ungünstigsten Bezold, Briefe Joh. Cas. I, 6, der M. mit Recht direkt der Heuchelei bezichtigt.

4) Welch hochgespannte Erwartungen Männer des Protestantismus von diesem Fürsten hegten, zeigt folgende Stelle in einer Flugschrift von 1558, Wider die papistischen Gräuel von der Messe etc. Blatt 7: (Janssen IV, 33) „Wie gut wird es erst den geeinigten Evangelischen sein und wie werden die papistischen Abgötter wehklagen, wenn der edle Maximilianus, als zu erhoffen, auf dem kaiserlichen Throne das reine Evangelium als oberster Hirte verkündigt und schirmt".

Zweites Kapitel.
Die Verhandlungen des Jahres 1561.

Die Politik des habsburgischen Hauses wies auf ein stetes Zusammengehen Österreichs und Spaniens, und so war es auch Ferdinands Bestreben, das gute Einvernehmen mit Philipp zu erhalten und zu festigen, indem er den öfters gemachten Versuchen Frankreichs, diese natürliche Gemeinschaft zu sprengen und Österreich auf die französische Seite zu ziehen, standhaft sich entgegensetzte[1]). Karl V. hatte sich die Verbindung der beiden Linien noch enger gedacht, die Ausführung der Augsburger Verträge war das Endziel seiner universalen Pläne. So weit ging Ferdinand natürlich nicht, die Herrschaft über das deutsche Reich wollte er seinem Hause erhalten. Karl V. und Philipp hatten bereits 1553 auf die Philipp zugesicherte Nachfolge im Kaisertum verzichtet. 1555 brachte Luis de Venegas Ferdinand die Kunde, dass Philipp seinen Verzicht auf die Succession in Deutschland erneuernd Maximilian freie Hand lassen wolle[2]). Von dieser Seite stand also Ferdinand nichts mehr im Wege. Jetzt erst konnte Ferdinand ernstlich an die Einleitung der Wahl seines Sohnes denken, der er schon seit Anfang der fünfziger Jahre nachhing[3]). Es war keine leichte Sache. Die deutschen Lande waren recht ungünstig gegen das Haus Österreich gestimmt. „Man bemerkt viel Missgunst gegen das glorreiche Haus Österreich", schreibt Commendone von Deutschland aus nach Rom, „weil Österreich fortwährend

---

1) **Maximilian verabscheute diese Politik.** Er stand so schlecht mit seinem Vetter Philipp, dass der Venetianer Mula 1559 das schlimmste befürchtete. Er meint: morto l'imperatore sarà guerra tra loro Alberi I, 3, 403.

2) **Maurenbrecher** H. Z. 32, 254.

3) **Maurenbrecher** H. Z. 32, 229 findet sogar schon Anzeichen aus den Jahren 1548/49. Vgl. Langenn, Moritz 1, 426.

die Kaiser stellt, und der Wunsch regt sich, ein Gesetz de non perpetuando imperio in eadem familia einzuführen."[1]) Wenn die Kaiserkrone nicht zum Erbstück Österreichs werden sollte, war es höchste Zeit zu Gegenmassregeln. „Thatsächlich ist das Reich erblich schon seit Friedrich III.", meinen die Venetianer, und wir haben unzweifelhafte Belege dafür, dass Karl und Ferdinand sich während des schmakaldischen Krieges ernstlich mit der Absicht trugen, die Kaiserwürde auch de jure in ihrem Hause erblich zu machen[2]). Gegen solche Versuche erhoben sich mit Recht Kurfürsten und Fürsten, wurde ihnen doch in Karls V. — und dann auch in Ferdinands — Wahlkapitulation versichert, dass der Kaiser die Erblichkeit des Imperiums nicht erstreben wolle[3]). Der sechste Punkt der Gravamina, welche die Fürsten 1552 in Linz vorlegten, enthält den Vorwurf, dass Karl und Ferdinand das Kaisertum erblich zu machen suchten[4]). Gerade dieser Punkt war auch für Friedrich III. von der Pfalz und seine Räte ein Hauptgrund ihrer ablehnenden Haltung, wie wir noch sehen werden.

Es stand zu erwarten, dass die Kurfürsten diesmal mit besonderem Nachdruck auf ihr Wahlrecht und ihre Privilegien bestehen würden, da allerlei Gerüchte verbreitet waren, der Papst wolle den Kurfürsten ihr Wahlrecht nehmen und auf welsche Fürsten übertragen[5]).

1) Commendone am 20. Juni 1561. Miscell. di storia it. 6, 175. Ähnlich Barbaro (Alberi I, 4, 165) und Soranzo (Alberi I, 6, 142). Vgl. auch die Bedenken des sächsischen Kurfürsten bei Ferdinands Wahl. Goldast, Reichshändel p. 144. — Badoero bei Alberi I, 3, 207.
2) Mocenigo 1548 bei Fiedler 155 und sonst. — Ferdinand an Karl, November 1546. Buchholz IX, 400. Vgl. Druffel No. 599 I Anm. 1 (Bd. 3 p. 166). Ferdinand schlägt als bestes Mittel vor, den Kurfürsten die Verpflichtung aufzulegen, in den nächsten zwei oder drei Wahlen beim Hause Österreich zu bleiben. Man will also ihr Wahlrecht sanft einschlummern lassen. In der grossen Denkschrift zu gunsten von Philipps Nachfolge (1551 Lanz, Staatsp. p. 450 ff.) heisst es: Wenn auch den Deutschen ihre Wahlfreiheit nicht genommen und die Krone nicht erblich gemacht werden soll, so muss doch der neue Kaiser ein Habsburger sein, da kein anderes Haus zur Regierung des Reiches geeignet er ist.
3) Limnaeus Capitulationes p. 43 und 417.
4) Druffel Nr. 1322 I.
5) Kluckhohn 1, 211. Sickel 93. Kugler 2, 255 Note 135. Mocenigo 1548 (Fiedler 76) begründet das in sehr naiver Weise; er meint, es würde doch billig sein, dass auch andere christliche Fürsten, nicht blos deutsche, zu den Kurfürsten gehörten, er habe manchmal mit Betrübnis bedacht, dass drei geistlichen Fürsten, die das Ansehen von Kaplänen hätten, und drei weltlichen, die alle Tage berauscht wären, allein das Recht der Wahl zustände.

Ein discorso intorno alla dignità imperiale aus dieser Zeit will sogar Unterdrückung des Kaisertums und Übertragung der kaiserlichen Autorität auf den Papst [1]).

Ausserdem war zu befürchten, dass die heikle Frage wiederum aufs Tapet gebracht würde, ob denn überhaupt bei Lebzeiten des Kaisers die Wahl eines römischen Königs nach der goldenen Bulle gestattet sei, und dass dann Schwierigkeiten gemacht würden, wie bei der Wahl Ferdinands durch den Kurfürsten von Sachsen [2]). Die Durchführung der Wahl Maximilians erschien also durchaus nicht als ein leichtes Unternehmen, zumal auch Gerüchte von den verschiedensten Kandidaturen und Prätensionen durch die Luft schwirrten. Von Philipp II. befürchtete man allgemein trotz seines Verzichts eine Bewerbung, dasselbe erwarteten viele vom König von Frankreich [3]). Auch Carlos, der geistig und körperlich verkrüppelte Sohn Philipps, wird einmal als Kanditat genannt [4]). Das ist natürlich ein Gerücht ohne jeden Untergrund. Noch vor Karls V. Renunciation befürchtete die habsburgische Partei Absichten der Kurfürsten von der Pfalz und von Sachsen, des Königs von Dänemark und des Herzogs von Württemberg auf die Krone und ihre Unterstützung durch Frankreich [5]). Auch Albrecht von Baiern werden solche Pläne zugeschrieben [6]).

Zeitweise befürchteten die Protestanten auch eine Wahl des Erzherzogs Ferdinand, des zweiten Sohnes des Kaisers. Granvella, der das berichtet, glaubt nicht daran, Thatsache ist aber, dass Ferdinand I. Maximilian verschiedenemale drohte, er werde seinen Sohn Ferdinand zum Kaisertume befördern, wenn Maximilian nicht zur katholischen Kirche zurückkehre [7]). Graf Thurm, der kaiserliche Gesandte in

---

1) Lämmer, Meletematum Romanorum mantissa 207. Schmid, Hist. Jahrbuch 6, 162.
2) Goldast, Reichshändel 140 ff., 142 ff., 146 ff. Limnaeus 424 ff.
3) Mocenigo 1559 (Alberi I, 6, 116): mostrandosi i Francesi ambiziosi dell' Imperio, e facendo ogni opera per levarlo a casa d'Austria. Der Bischof von Aquila schreibt 1558 an Philipp (Doc. ined. 98, 16): Tengo entendido que el Emperador teme que el Papa trata con el Rey de Francia de hacerle Emperador.
4) Languet arcana 2, 200.
5) Badoero 1557 (Alberi I, 3, 232). Er sagt, diese Fürsten wünschten deshalb alle Karls Renunciation.
6) Druffel No. 706 Anm. 1.
7) Granvella am 24. Mai 1561. Papiers d'Etat VI, 319.

Venedig, berichtet einmal, man rede davon: pontificem designare, ut quispiam in Italia Romanorum rex fiat atque vocetur. Doch hören wir sonst nichts weiter von einem solchen Plan des Papstes[1]). Auch König Friedrich II. von Dänemark und König Anton von Navarra werden als Bewerber genannt, darüber wird noch zu reden sein.

Man hat danach gefragt, welches die besonderen Verhältnisse gewesen seien, die den Kaiser zur Vorbereitung der Wahl seines Sohnes bewogen. Folgende allgemeine Erwägungen werden den Anstoss zu den Verhandlungen gegeben haben. Einmal der Hinblick auf das Leiden des Kaisers. Ferdinand war bereits den Sechzig nahe und von einer Krankheit heimgesucht, die ihn im Sommer 1558 an den Rand des Grabes brachte. Ende 1561 berichtet Luna, der Kaiser sei so hinfällig, dass man für sein Leben fürchten müsse, die geringste Verschlimmerung würde ihm den Rest geben[2]).

Das zweite war, dass Maximilian nun doch die Wendung zum Katholizismus gemacht hatte, also von katholischer Seite kein Hemmnis mehr zu befürchten war.

Ein drittes: Papst Pius IV. hatte den Kaiser nötig wegen des Konzils und durfte ihm nicht vor den Kopf stossen. Im Jahr 1558 war zwischen Kaiser und Papst ein grosser Streit ausgebrochen, in dem Paul IV., der leidenschaftliche Caraffa, noch einmal alle jene Forderungen des mittelalterlichen Papsttums auffrischte: Suprematie des Papstes, Prüfung der Königswahl, Verfügung über die Krone bei einer Abdankung. Karls V. Verzicht in die Hände der Kurfürsten verwarf der Papst. Mit dem halbverrosteten Rüstzeug mittelalterlicher Gelehrsamkeit wurden die päpstlichen Ansprüche neu traktiert, in einem Gutachten rückte ihnen Seld scharf zu Leibe.

Karl V. und Paul IV. waren über den Verhandlungen gestorben, der neue Papst, Pius IV., fasste die Sache weniger streng auf als sein Vorgänger, aber das hielt er aufrecht, Ferdinand müsse vom Papst gekrönt sein, ehe er an die Wahl seines Nachfolgers denken dürfe[3]).

Ein weiterer Grund und vielleicht der entscheidende war die

---

1) Thurm am 19. April 1561. Sickel 191.
2) Lebret 125—127. 135—137. Döllinger 455.
3) Ausführlich über den Streit von 1558: Reimann Forsch. 5, 291 ff. und Schmid, Hist. Jahrb. 6, 1 ff.

unruhige Lage Deutschlands und Europas in jenen Jahren. Ein Interregnum, ein Reichsvikariat, eine Wahl nach Ferdinands Tod konnte im Reich die grössten religiösen und politischen Umwälzungen hervorrufen[1]). Es lag eine dumpfe Gewitterschwüle über den deutschen Landen, eine Vorahnung der Kämpfe des nächsten Jahrhunderts, alles fürchtete schreckliche Stürme und Kriegswetter. Wir müssen, um das Zeitbild zu vervollständigen, diese aufgeregte und angstvolle Stimmung, die seit Mitte der fünfziger Jahre nicht nur Deutschland, sondern auch ganz Mittel- und Südeuropa drückte, näher kennen lernen[2]). Seitdem die beiden katholischen Grossmächte Frankreich und Spanien nach langjährigen Kämpfen im Frieden von Château-Cambresis am 3. April 1559 sich wieder versöhnt hatten, seitdem der Plan der Wiederberufung des grossen Reformkonzils näher seiner Verwirklichung zurückte, befürchtete der Protestantismus eine grosse gewaltsame Reaktion des Katholizismus gegen die neue Lehre, einen grossen Glaubenskrieg, wie er erst zwei Menschenalter später ausbrach[3]). Die abenteuerlichsten Gerüchte von drohenden Kriegen, geschwinden Praktiken und geheimen Allianzen schwirrten durch die Luft, bald waren es tendenziöse Erfindungen, bald philiströse Schreckbilder schlechtunterrichteter Politikaster[4]).

Ganz ohne thatsächliche Grundlage waren fast alle diese Gerüchte und „Zeitungen" nicht, sie knüpften gewöhnlich an die massenhaften Söldnerwerbungen an, aber die mangelhafte Beschaffenheit des politischen Nachrichtenwesens und die in der That bedenkliche Weltlage sorgten in reichlichem Masse für Aufbauschung und Aus-

---

1) Das war auch Philipps II. Befürchtung. Döllinger 453.
2) Vgl. über diese Dinge Heidenhain Unionspolitik an vielen Stellen, besonders 461 ff.
3) Die Aufregung wegen des Konzils nahm so zu, dass der Kardinal Otto, Bischof von Augsburg, sicher auf päpstliche Anregung, im Januar 1562 von Rom eine Beruhigungsschrift ausgehen liess, worin er ausführt, der Papst wolle dem Konzil seinen freien Lauf lassen, denke nicht an gewaltsame Exekution, ja nicht einmal an Massregeln gegen die Praktiken der Gegenpartei. Goldast, Reichshändel 599—601, Lünig, Staatskonsilia 1, 256—58.
4) Das Gefühl der Unsicherheit und Zerfahrenheit im Protestantismus trug viel dazu bei. Belege in fast allen Briefen und Akten jener Zeit. Vgl. besonders Kluckhohn, Briefe 1, 119 f. 209 ff. Kugler 2, 255 Note 135. Vgl. Doc. ined. 98, 430.

schmückung[1]) Nicht nur im protestantischen, auch im katholischen Lager wurden solche Schreckgerüchte verbreitet und geglaubt. Man fürchtete Umtriebe und Anschläge der Protestanten, namentlich Christophs von Württemberg gegen das Konzil und die Katholiken überhaupt[2]), man fürchtete besonders auch einen Schlag der protestantischen Fürsten gegen den Kaiser wie zu Moritzens Zeiten[3]). Dass die Furcht der Protestanten vor einer Liga des Papstes mit den katholischen Mächten nicht aller Grundlage entbehrte, zeigen verschiedene durchaus glaubwürdige Nachrichten. Der Papst sprach selbst von Rüstungen gegen die Prostestanten und trat zu diesem Behufe in Verhandlungen mit Venedig[4]). So bewegt war die Zeit, als Ferdinand begann, die Wahl seines Sohnes einzuleiten.

Am 2. März 1561 berichtet Luna die Ankunft eines brandenburgischen Rats in Wien, der den Kaiser zur Vornahme der Wahl seines Nachfolgers aufforderte. 1558 habe Ferdinand in Frankfurt versprochen, ohne Aufforderung der Kurfürsten niemand zu seinem Nachfolger vorzuschlagen. Diese Behauptung nahm man bisher für baare Münze und berief sich auf eine Stelle bei Soranzo. Der sagt aber nur, Ferdinand habe den weltlichen Kurfürsten versprochen, nicht zuzulassen, dass etwas gegen die Ordnungen des Reichs geschehe[5])

---

1) Bis zu welchem Extrem diese Beängstigung vorschritt, ersieht man aus einem „Auszug kurzer Artikel von dem verborgenen Verpündnus zwischen dem pabst, Kaiser, Künig aus Hispanien etc. (etwas später, aus Maximilians Zeit, im Cod. pal. 171 der Heidelberger Universitätsbibliothek Blatt 232 und 233). Darin heisst es: Alle Lutherischen sollen ausgerottet werden. Der Pfalzgraf und Herzog August sollen abgesetzt und an ihre Stelle des Kaisers beide Brüder gesetzt werden etc.

2) Kluckhohn 1, 128 note 2. 265. Sickel 201. 224. 277 etc.

3) Hassenstein spricht das offen aus, er fürchte von der Leipziger Zusammenkunft eine Verschwörung der protestantischen Fürsten gegen den Kaiser, dem es gehen werde wie Kaiser Karl mit Moritz. Sickel 201.

4) Sickel 191. 231. 237. 238. 258. 340. Döllinger 362. Vgl. auch Sächs. Archiv 3, 324 f.

5) Doc. ined. 98, 197 f. (bei Döllinger 405 mit falschem Datum) por haberles prometido en la Dieta que se tuvo en Francforte cuando le recibieron por Emperador, que no los propondría Rey de Romanos si ellos no se le pidiesen. Soranzo (Alberi I, 6, 139) quando l'Imperatore fu publicato in Francfort, promise agli elettori secolari, di non permettere che si facesse cosa alcuna contra gli ordini dell' Imperio. — Nach Luna: Maurenbrecher H. Z. 32, 284 und Reimann H. Z. 15, 54 f.

In Wahrheit hat Ferdinand mehr versprochen, als Soranzo weiss und weniger, als Luna glaubt. In seiner Kapitulation von 1558 gab Ferdinand die Versicherung, nach keiner Succession oder Erbschaft zu trachten, noch auf sich selbst, seine Erben und Nachkommen zuwenden, sondern die Kurfürsten bei der freien Wahl, bei den Rechten des Vikariats, der goldenen Bulle und allen Reichsgesetzen zu erhalten [1]).

Ob Kurfürst Joachim die Wahl Maximilians, die ja schon lange in Wien geplant wurde, aus eigenem Antrieb anregte, um sich bei Ferdinand und Maximilian angenehm zu machen, oder ob ihn der Kaiser dazu veranlasst hatte, um sich später darauf berufen zu können, muss dahingestellt bleiben.

Die Frage des Konzils und der Beteiligung Deutschlands daran, die Gefahr eines neuen Türkeneinfalls, das Vordringen des moscovitischen Grossfürsten im Nordosten des Reichs, dass alles machte einen neuen Reichstag nötig, und der Kaiser ergab sich der Hoffnung, dass auf diesem Reichstag vielleicht die Wahl vollzogen oder wenigstens die Zustimmung der Fürsten gewonnen werden möchte [2]).

Bereits am 16. Februar 1561 schrieb der Kaiser an die geistlichen Kurfürsten und stellte die Berufung eines Reichstags in Aussicht, der Reichstag sei notwendig und nützlich, bedürfe aber der persönlichen Anwesenheit der Kurfürsten [3]). Die Kurfürsten aber antworteten, sie seien für Verschiebung des Reichstags, da kein Bedürfnis vorliege. Die Vorschläge des Kaisers könnten bei der gegenwärtigen Zeitlage Unzuträglichkeiten zur Folge haben und „wo es allein des Concilii halber zu thun, könnten Ihro L. zu Ausschreibung eines Reichstags nicht raten" [4]). Aber der Kaiser gab seinen Plan nicht auf, sondern liess durch Gesandte den Kurfürsten nochmals eingehend die Gründe für die Berufung eines Reichstags vortragen. An die

---

1) Artikel 26. Fast wörtlich ebenso Art. 28 der Kapitulation Karls V. und Art. 14 der Maximilians II.

2) Granvella meint (24. Mai 1561. Pap. d'Etat 6, 319) in einem Brief an Philipp, der Kaiser erstrebe den Reichstag nur wegen der Türkenhilfe. Er fürchtet, die Räte des Kaisers würden, da sie zum grossen Teil nicht streng gläubig seien, gegen geringe Subsidiengelder grosse religiöse Zugeständnisse machen.

3) Sickel 172 f.

4) Doc. ined. 98, 233. Moser Nr. 1. Vgl. Doc. ined. 98, 209.

rheinischen Kurfürsten wurden zu diesem Zweck abgeordnet Freiherr Wilhelm von Waldburg und der kaiserliche Rat und Kanzler von Vorderösterreich, Johann Ulrich Zasius, der Sohn des berühmten Freiburger Juristen. Beide waren ursprünglich als Gesandte zu dem Kurfürstentag bestimmt gewesen, der im April 1561 in Frankfurt abgehalten werden sollte, aber nicht zustande kam, weil der Kurfürst August sich weigerte, persönlich zu erscheinen[1]) An die Kurfürsten von Sachsen und Brandenburg wurden Hassenstein und Dr. Prissmann abgesandt[2]). Im Juni 1561 sind Waldburg und Zasius bei den rheinischen Kurfürsten. Die Erzbischöfe erklärten, sie gedächten nicht persönlich zu kommen[3]). Am 23. Juni treffen wir die Gesandten in Heidelberg. Über ihre Audienz haben wir einen ausführlichen Bericht[4]). Aus der Beratung geht hervor, dass der Kurfürst und seine Räte das Zustandekommen des Frankfurter Kurfürstentages gern gesehen hätten. Die Berufung des Reichstags wird abgelehnt, es bedürfe nicht solcher Eile, die Zeit sei ungelegen. Ähnlich äusserte sich Kurfürst August[5]). Wohl versprach er, des Kaisers Sache zu fördern, aber keinesfalls könne er den Reichstag persönlich besuchen. Hassenstein meint, der Kurfürst befürchte ein neues Interim und habe sich wegen vieler Handlungen des Kaisers beschwert, „in Summa", fährt der Bericht fort, „finde ich sein Gemüt etwas nit wenig verändert und in Sonderheit auch so fraydik, desgleichen ich zuvor nit bei ihm vermerkt. Was die Ursach, giebt die Zeit". Wenn der Kaiser für die Wahl seines Sohnes sorgen wolle, sei es hohe Zeit, da „viel wunderbare Vorschläg in den Sachen vorfallen möchten"[6]).

---

1) 1558 war dieser Tag beschlossen worden. Häberlin 3, 457. — Kluckhohn 1, 173. Sickel 187. Pap. d'Etat 6, 327.

2) Ihre Instruktion ist unbekannt. Nach Sickel 201 sind die Instruktionen und Relationen dieser Gesandtschaften grossenteils nicht erhalten.

3) Vgl. Moser Nr. 5. Languet arcana 2, 117.

4) Bei Kluckhohn 1, 181—187. Vgl. Pap. d'Etat 6, 332.

5) Hassensteins Bericht an Ferdinand vom 24. Juni 1561. Sickel 200 f. August blieb bei seinem Entschluss in der Resolution an die kais. Gesandten vom 18. Juli 1561. Moser Nr. 2 und 3.

6) Die Scheu vor den grossen Kosten, die ein persönlicher Besuch des Reichstags verursachte, ist für Kurfürst August, der zwar der reichste deutsche Fürst, aber doch sehr sparsam war, sicher auch ein Grund gewesen. Vgl. Moser Nr. 3 und 5.

Der einzige Kurfürst, der persönlich zum Reichstag zu kommen versprach, war Joachim von Brandenburg, dem der Kaiser für seine Liebe zum Haus Österreich denn auch wärmsten Dank ausspricht[1]). Sachsen und Pfalz waren es also diesmal, die dem Reichstag besonderen Widerstand entgegenbrachten, der Kurfürst Friedrich III. erschien als der widerspenstigste. Bei ihm, dem tiefverschuldeten Fürsten, auf dessen Land Teurung und Not lastete, werden neben politischen Erwägungen, auf die wir im nächsten Kapitel zu sprechen kommen, besonders pekuniäre Gründe massgebend gewesen sein, die hohen Unkosten des Reichstagsbesuchs und die zu erwartenden Türkenforderungen.

Wenn der Kaiser auf dem Reichstag etwas erreichen wollte, so brauchte er unbedingt die persönliche Anwesenheit der Kurfürsten, denn er wusste aus Erfahrung, wie wenig mit den Räten abwesender Kurfürsten anzufangen sei[2]). Herzog Albrecht von Baiern, mit dem sein kaiserlicher Schwiegervater über alle politischen Fragen eifrig korrespondierte, riet ihm, den Reichstag am Rhein zu halten, dann würden der Pfalzgraf und die Erzbischöfe sicher kommen, und es bliebe nur noch übrig, den Kurfürsten August zu bearbeiten[3]).

Bisher hatte die Wahlsache nur im geheimen hinter den Verhandlungen geschwebt, jetzt trat der Kaiser offen damit hervor. Bevor wir aber in die Betrachtung dieser Dinge eintreten können, müssen wir die Stellung des sächsischen Kurfürsten näher beleuchten und ein Urteil über sein Verhältnis zum Dänenkönig und dessen Absichten auf die deutsche Königskrone gewinnen.

Der Kurfürst von Sachsen war angewiesen auf ein Zusammengehen mit der kaiserlichen Politik, die ihn stets durch die Ernestiner im Schach zu halten vermochte. August hielt auch in der That treu zu Österreich, was zum guten Teil seine Abneigung gegen protestantische Operationspläne erklärt. Darum musste der Kaiser mit Recht stutzig werden über seine jetzige ablehnende Haltung.

Mitte September siedelte Ferdinand von Wien nach Prag über, um dort den böhmischen Landtag abzuhalten. Auf seinen Herbst-

---

1) Schreiben vom 6. August 1561. **Moser** Nr. 6.
2) **Moser** Nr. 7.
3) 11. August 1561. **Moser** Nr. 5.

jagden gedachte er mit August zusammenzutreffen und ihn persönlich zum Besuch des Reichstags aufzufordern ¹).

Augusts Politik drohte einen anderen Weg zu nehmen. Commendone, der auf seiner Reise durch Deutschland Gelegenheit hatte, die Lage genau kennen zu lernen, schreibt am 20. Juni 1561, unstreitig habe der Dänenkönig die meisten Chancen bei der kommenden Königswahl ²). Und Zasius, der doch gewiss aus guter Quelle schöpfte, berichtet bereits am 22. April von der Möglichkeit, dass auf dem Wahltag auch der König von Dänemark in Vorschlag kommen werde ³). Soranzo, der venetianische Gesandte am Kaiserhof, bestätigt das und erklärt es durch die Freundschaft Augusts mit dem König, ihre verwandtschaftlichen Beziehungen und gemeinsamen Interessen. Sachsen brauche wegen seiner ernestinischen Feinde einen Kaiser, dem es ganz vertrauen könne. Aber der Kurfürst August, meint Soranzo, wird schwerlich mit der dänischen Kandidatur durchdringen, da der Kurfürst von der Pfalz dagegen ist und das dänische Volk nicht einwilligt. Auch habe der Schwedenkönig erklärt, er werde sofort Krieg beginnen, da er eine solche Erhöhung des Dänenkönigs nicht dulden könne ⁴). Ganz besonders befürchtete man in Deutschland dänische Praktiken auf der Hochzeit des Prinzen von Oranien mit Anna, der Schwester Augusts, die am 25. August 1561 zu Leipzig stattfand, zu der die Kurfürsten von Sachsen und Brandenburg kamen, zu der auch der Pfalzgraf und der König von Dänemark erwartet wurden. Diese beiden erschienen nicht, der König blieb auf den Wunsch seiner Räte daheim ⁵).

Wir können nicht annehmen, dass alle diese Nachrichten unbegründete Schreckgerüchte darstellen. König Friedrich II. von Dänemark war ein junger, hochstrebender Herrscher, dem es daran gelegen sein musste, gegen die drohenden schwedischen Nachbarn und gegen die Vergeltungsgelüste der Nachkommen des entthronten Christian II. seine Macht zu vergrössern und — schon im Interesse des dominium

---

1) Doc. ined. 98, 243 und 252.
2) Misc. di storia ital. 6, 175. — Corresp. de Marg. 2, 38.
3) Sickel 187.
4) Alberi I, 6, 140f.
5) Groen van Prinsterer, Archives de la maison d'Orange-Nassau I, 1, 68. Miscell. di storia ital. 6, 209. Vgl. Lettres de Cathérine de Medici 1, 231.

maris baltici — festen Fuss in Deutschland zu fassen. Er ist ohne Zweifel in Verhandlungen mit seinem Schwager August eingetreten, um die deutsche Krone zu gewinnen [1]). Seit Mitte des Jahres 1561 kam die Kandidatur des Dänenkönigs nicht mehr in Frage [2]). August, der anfangs dieser neuen Kombination gar nicht abgeneigt gewesen zu sein scheint, zog sich doch wieder davon zurück. Er leugnete später gänzlich diese sächsisch-dänischen Praktiken [3]).

Kehren wir nach diesem Exkurs zu den Verhandlungen des kaiserlichen Hofs mit den Kurfürsten zurück. Die Instruktion der rheinischen Gesandten — diesmal Graf Georg von Helfenstein, der oberösterreichische Statthalter, und Johann Ulrich Zasius — enthält die Gründe des Kaisers zur Aufnahme der Wahlverhandlungen [4]). Seine körperliche Schwachheit und die Furcht, dass „bei diesen sorglichen geschwinden Läufen wohl allerhand Unrat und Unrichtigkeit erwachsen möchte", waren danach für den Kaiser bestimmend. Er schlägt dem Kurfürsten seinen Sohn Maximilian vor, dem sie ja alle freundschaftlich gesinnt seien. Er würde ihn nicht vorgeschlagen haben, wenn er ihn nicht „mit allen Qualitäten zu angeregter Dignität tauglich" befunden hätte. Damit wolle er keineswegs die kurfürstlichen Privilegien schmälern. Was die Berufung eines Reichstags betreffe, so hätten die drei geistlichen Kurfürsten ihre Teilnahme zugesagt, Brandenburg ebenfalls, Sachsen werde zu gewinnen sein, Pfalz werde auch nicht fehlen, wenn der Reichstag am Rhein, etwa

---

1) Über solche Verhandlungen, die freilich nicht sehr weit gediehen sein werden, ist bis jetzt noch nichts bekannt geworden. Sicher enthalten aber hierher gehörige Akten die dänischen Bücher des Dresdener Archivs, (Droysen Arch. f. d. sächs. Gesch. Bd. 2) deren Benützung mir leider versagt blieb.

2) Maximilian liess dem französischen Gesandten Bochetel Mitteilungen über die dänische Kandidatur machen, der berichtete darüber an seine Herrin, und Katharina schrieb ihm am 30. Juni 1561 (Lettres 1, 208), sie finde wenig „fondement" in der Wahl dieses neuen römischen Königs, obwohl sie auch von anderer sehr glaubwürdiger Seite — wahrscheinlich vom französischen Gesandten in Dänemark — davon gehört habe.

3) Moser Nr. 26 und 13. — Ferdinand schrieb ihm am 21. Oktober aus Prag, (Moser Nr. 12) er glaube nicht an die Gerüchte, „als ob etliche hohe Potentaten und Stände nach solcher Succession trachten sollten", vom König von Dänemark versehe er sich nur gutes. — Die Gefahr war eben damals bereits vorbei, und Ferdinand musste August zuvorkommend behandeln.

4) Instruktion vom 13. Okt. Moser Nr. 10.

zu Worms abgehalten werde. Die persönliche Zusammenkunft mit dem Kurfürsten August hatte Ferdinand aufgegeben. Nachdem der Kurfürst durch seinen Rat Franz Kram noch einmal ausdrücklich erklärt hatte, sein persönliches Erscheinen beim Reichstag sei nicht zu erhoffen, da er diesen für unnötig halte, beschloss der Kaiser, des Reichstags wegen nicht weiter in den Kurfürsten zu dringen, sondern ihn in der Wahlangelegenheit bei seinem guten Willen zu erhalten, den Seld aus der Unterredung mit Kram konstatierte[1]). Am 1. November erhielt eine neue Gesandtschaft an August, der Kanzler von Böhmen, Joachim von Neuhaus und Frauenberg, und Seld, der Reichsvicekanzler, ihre Instruktion[2]). Am 24. Dezember berichtet Luna die Rückkehr dieser Gesandten. Bemerkenswert ist Selds ungünstiges Urteil über August, das Luna uns mitteilt[3]): Seld habe eine sehr schlechte Meinung von August bekommen, der Kurfürst sei stolz, hochfahrend und hege schlechte Absichten gegen das Haus Habsburg. Der Rheingraf sei als Unterhändler des Königs von Navarra bei ihm und verhandle oft lange und ganz geheim mit ihm. Über die Wahlsache habe er sich nur in allgemeinen schönen Worten geäussert, er scheine die Sache auf die lange Bank schieben zu wollen. Wir kennen Augusts Antwort im Wortlaut[4]), sie ist thatsächlich für den Kaiser, der eine bestimmte Erklärung erwartete, sehr wenig zufriedenstellend. August lobt Maximilians Vorzüge, sein gottesfürchtiges und christliches Gemüt, er beruft sich auf seine „sonderliche, dienstliche, freundliche Neigung und Affektion zu Maximilian, aber eine Erklärung zu dessen Gunsten lehnt er kurzweg ab mit dem Hinweis auf die Kurfürsteneinigung von 1558, worin sich die Kurfürsten zur kollegialischen Behandlung der Reichsangelegenheiten verpflichteten.

Waren dies wirklich nur die Gründe zu August reservierter

---

1) Moser Nr. 11 und 13.
2) Bei Moser Nr. 15 und Goldast, Reichshändel 64 ff.
3) Doc. ined. 98, 264. El Doctor Zeld ha concibido muy mala opinion dél; dice ques muy soberbio y altivo y de mala intencion y voluntad á las cosas des V. M. y desta Casa. Entiéndese, que franceses tienen grandes tratos con él, y que Mos. de Bandoma lo envió un gentilhombre los dios pasados, y él ansimismo invió otro á Francia etc.
4) 16. November. Moser Nr. 17.

Haltung, oder hatten die französischen Umtriebe, von denen man allgemein sprach, am sächsischen Hof Wurzel gefasst? Am 2. November berichtet der Nuntius Delfino von Prag aus an Maximilian, mit dem er seit Jahren in vertrautem Briefwechsel stand, der Kurfürst von Sachsen sei in seinen Versprechungen gegen den König von Navarra sehr weit vorgeschritten, doch sage man auch wieder, der Kurfürst verabscheue im Stillen die Franzosen; Franz Kram, der sächsische Rat, habe ihm gesagt, die Praktiken des Rheingrafen nützten wenig oder gar nichts [1]). Die Kurfürsten von Brandenburg, Pfalz und Trier, meinte man, ständen ebenfalls auf französischer Seite [2]).

Was ist's nun mit diesen französischen Praktiken? Sickel (a. a. O.) hält die Bewerbung des Königs von Navarra, ebenso wie des Königs von Dänemark für ein durchaus unbegründetes Gerücht, das vielleicht absichtlich verbreitet sei, um einerseits Maximilian und Ferdinand gegen die protestantischen Fürsten einzunehmen und andererseits eine katholische Liga, besonders in Italien, zustande zu bringen.

Nach dem Tode Heinrichs II. von Frankreich im Juli 1559 und Franz' II. im Dezember 1560 waren in Frankreich bedeutende Umwälzungen in der Regierung erfolgt.

Der zweite Sohn Heinrichs II., Karl IX., wurde König, und seine Mutter, Katharina von Medici, Regentin und Vormünderin für den Zehnjährigen. Der Einfluss der Guisen trat zurück, und Anton von Navarra, ein Bourbon, der nächste Prinz aus königlichem Geblüt, wurde Generalstatthalter [3]). Von dem Königreich Navarra, das Anton durch seine Heirat mit der Erbin des Albret'schen Hauses erworben hatte, war der jenseits der Pyrenäen gelegene Teil seit 1512 von Spanien okkupiert. Mannigfache Restitutionsverhandlungen unternahm Anton, sie scheiterten alle. Da ihm unter Heinrich II. und Franz II.

---

1) Sickel 237.
2) Der Baron von Rosenberg, der Schwiegersohn des Kurfürsten Joachim, meinte Soranzo gegenüber, er halte es für sicher, dass sein Schwiegervater in die Wahl Navarras willigen werde. Alberi I, 6, 142.
3) Suriano, der venetianische Gesandte in Paris, nennt ihn principe assoluto di questo regno (29. März 1561). Layard, Despatches of Michele Suriano and Marc'Antonio Barbaro 1560—63. Publications of the Huguenot society 1891. p. XXIV.

die Herrschaft der Guisen keinen Einfluss liess, wandte er sich den Reformierten zu und wurde Protestant, also aus dynastischen Beweggründen, wie Maximilian.

Wie ernst es ihm mit seinem Protestantismus gemeint war, zeigen seine Gesandtschaften an den Papst, durch dessen Vermittlung er sein Erbe zu erlangen hoffte; er versicherte dem Papst seine Obedienz und besuchte wieder die Messe[1]). Von seinen dynastischen Plänen berichtet Soriano, der von 1559—61 venetianischer Gesandter in Frankreich war, er erstrebe dreierlei: Wiedererwerbung des Königreichs Navarra, die römische Königswürde und die Erlangung der französischen Krone. Die beiden ersten dieser Pläne bezeichnet der Gesandte als zweifellos bestehend. Seine Absichten auf die deutsche Krone stützten sich hauptsächlich auf seine Freundschaft mit dem Pfalzgrafen und andern deutschen Fürsten, doch habe diese Freundschaft durch seine zweifelhafte Haltung, durch seine Verhandlungen mit dem Papst einen starken Stoss erlitten[2]).

Sorianos Beobachtung, die aus unmittelbarer Berührung mit Anton floss, ist nicht zu bezweifeln und wird bestätigt durch seinen Nachfolger in Frankreich, Antonio Barbaro[3]). Soranzo, der in seiner Relation eingehend auf die Wahlchancen zu sprechen kommt, meint, Navarra habe grosse Aussichten, und berichtet — ebenso Barbaro — von Verhandlungen mit den deutschen Fürsten und von weitgehenden Versprechungen dieser. Auch in Prag, der augenblicklichen Residenz des Kaisers, und in Rom wurden die Absichten des Königs von Navarra erörtert. Auffallend ist allerdings, dass in den Briefen der Katharina von Medici nichts darüber vorkommt, aber trotzdem werden wir, gestützt auf die Berichte der venetianischen Botschafter in Frankreich, Antons Absichten nicht für ein blosses Gerücht erklären. Es

---

1) Alberi I, 4, 133. Interessante Parallelen bieten auch Heinrich IV., Antons Sohn, und der Prinz von Oranien in ihrer religiösen Haltung. Vgl. zu letzterem: Ritter, D. G. I, 333 f.

2) Alberi I, 4, 145. Tommaseo, Relations des ambass. vén. 1, 554.

3) Alberi I, 4, 164. In den Depeschen der beiden Gesandten bei Layard a. a. O. konnte ich ähnliche Bemerkungen nicht auffinden. Doch ist zu beachten, dass für die Zeit vom 10. November 1561 bis 8. Oktober 1562 bei Layard die Depeschen fehlen, also gerade für die Zeit, die für die Beurteilung der Pläne Navarras am meisten inbetracht kommt.

wird sich damit verhalten, wie mit vielen Gerüchten jener Zeit, ein wahrer Kern steckt darin, der ist aber aufgeschwellt durch die öffentliche Meinung, oder tendenziös. So vielleicht hier. Jedenfalls hatte der König von Navarra — seine politische Stellung erklärt das sehr wohl — die Absicht, sich um die deutsche Krone zu bewerben, jedenfalls hat er Verbindungen angeknüpft mit den deutschen Fürsten durch den Rheingrafen, der öfters Deutschland bereiste. Wie weit diese Verhandlungen gediehen sind, können wir nach dem vorliegenden Material nicht beurteilen, sicher nicht so weit, wie die Venetianer meinen[1]). Im Jahre 1562 kommt eine Bewerbung Navarras nicht mehr in Betracht.

Kurfürst August, der thatsächlich den französischen Einflüsterungen, ebenso wie denen seines dänischen Schwagers eine Zeit lang Gehör geschenkt zu haben scheint[2]), kehrte doch wieder zu seiner alten und bewährten Politik des Zusammengehens mit Österreich zurück. Für Brandenburg, das durch die Haltung seines Kurfürsten in den Religionskriegen so viel an seiner Stellung eingebüsst hatte, war Zusammenhalten mit Sachsen und Österreich Bedürfnis. In diesem Sinn leitete auch der Kanzler Lampert Distelmeyer die brandenburgische Politik. Was den Kurfürsten von der Pfalz betrifft, so werden wir im nächsten Kapitel sehen, ob Soranzo ihm mit Recht nachsagen durfte, dass er Frankreich und dem König von Navarra zu Willen sei.

Wir müssen nun zum Gang der Wahlverhandlungen zurückkehren. Ende November sind die kaiserlichen Gesandten Helfenstein und Zasius in Mainz, Anfang Dezember in Ehrenbreitstein beim Kurfürsten von Trier und Mitte Dezember beim kölnischen Kurfürsten[3]).

---

1) Die vielen Verhandlungen der protestantischen Fürsten mit König Anton über Religionsangelegenheiten mögen vielfach falsch gedeutet worden sein. Dass die Verhandlungen sich vorzugsweise auf Religionssachen bezogen bezeugt u. a. Landgraf Philipp in seinem Schreiben an den Herzog Adolf von Holstein 1562, 18. April, bei Rommel, Urkundenband p. 333. — Der Aufsatz von Hauser in der Revue historique Bd. 45 (1891) bringt kein neues Material zu dieser Frage. Aus dem Archiv der Navarras wird noch weiterer Aufschluss zu erwarten sein.

2) Im Juli 1561 erhielt der Rheingraf in Paris durch den dortigen sächsischen Agenten, Hubert Languet, verbindliche Briefe Augusts. Arcana 2, 120.

3) Moser No. 23. 25. 24 (ohne Datum, nach Moser vom November 1561, das ist unmöglich, da die Audienz erst am 8. Dezember ist).

Alle drei Erzbischöfe stimmen der kaiserlichen Proposition darin bei, dass die Frage der Succession so bald wie möglich erledigt werden müsse, sie alle halten Maximilian für tauglich und würdig und versprechen, sich persönlich zum Reichstag einzufinden. Ganz so glatt waren übrigens die Verhandlungen doch nicht, dem Befehl des Kaisers gemäss[1]) sparten sich die Gesandten eingehende Mitteilungen für den mündlichen Bericht auf. In einem Schreiben aus Bonn vom 16. Dezember[2]) weisen sie auf „geheimere Sachen und Einbindungen der Kurfürsten" hin. In welcher Richtung sich diese bewegten, lehrt uns die summarische Relation der Gesandten vom Februar 1562[3]). Danach verlangte Kurfürst Daniel von Mainz eine Assekuration, dass Maximilian bei der katholischen Religion bleiben werde. Die Gesandten stellten eine solche in Aussicht, bemerkten jedoch, dass Maximilian auf der Forderung der Kommunion sub utraque beharren und die Erlaubnis dazu vom Konzil erbitten werde. Trier und Köln hatten nichts einzuwenden, wenn nur der „ordo eccelesiasticus cum catholico statu religionis" erhalten bleibe.

Ende Dezember kamen die Gesandten nach Heidelberg zum Pfalzgrafen, aber hier fiel der Bescheid ganz anders aus, wie wir sehen werden.

---

1) Moser Nr. 19. Reskript des Kaisers vom 25. November 1561: „da von solchen Sachen viel über Land zu schreiben, nicht am sichersten sein will".
2) Moser Nr. 26.
3) Nicht bei Moser, im Auszug bei Sickel 275. Vgl. Doc. ined. 98, 297.

Drittes Kapitel.
Fortgang der Verhandlungen im Jahr 1562. Stellung des Pfalzgrafen zur Wahl.

Die nächste Sorge des Kaisers war jetzt, von Maximilian eine bindende Erklärung seiner Katholizität zu erlangen. In den ersten Tagen des Februar 1562 war Maximilian bei seinem Vater in Prag, und dieser nahm ihn nochmals ernstlich ins Gebet, zeigte ihm nochmals alle Nachteile, die das Beharren beim Protestantismus ihm und seiner Familie bringen würden, stellte ihm vor, dass die Lutherischen betrogene Leute seien, dass er sicher glaube, dass die Mehrzahl des Volks sich bekehren würde, wenn das Konzil die Missbräuche und Unordnungen des Klerus beseitigt hätte. Nachdem die Antworten der Erzbischöfe eingetroffen waren, erklärte er ihm rundweg, er werde ihn bei der Wahl weder vorschlagen noch unterstützen, wenn er nicht eine feierliche Versicherung seines katholischen Glaubens gebe.[1] Maximilian gab nach, und er, der noch vor wenigen Monaten erklärt hatte, er wolle fürs Bekenntnis der Augsburgschen Konfession Kreuz und Verfolgung erleiden, weder mit Schwert noch Feuer werde man ihm Christum und sein Wort aus seinem Herzen reissen können, erklärte jetzt vor seinem Vater, seinen Brüdern, den geheimen Räten und den kaiserlichen Gesandten: er wolle bei der katholischen Religion verbleiben, in ihr leben und sterben als gehorsamer Sohn der römischen Kirche, wie seine Vorfahren gethan[2]).

---

[1] Nach Lunas Berichten. Doc. ined. 98, 290 und 297. Ferdinand sagte: si no fuese debaxo de este presupuesto y seguridad, no tan solo no te ayudaré, mas seré el primero que te contradiré.

[2] Doc. ined. 98, 297. Von Abgeordneten der Erzbischöfe, deren Anwesenheit bei dieser Scene man behauptet und bezweifelt hat, sagt Luna hier kein

Damit war diese Schwierigkeit aus dem Wege geräumt, und sofort — noch im Februar — sandte der Kaiser aufs neue zu den Kurfürsten, um von ihnen bindende Versprechen zu erlangen und des Pfalzgrafen ablehnende Haltung zu brechen. Er liess ihnen erklären: Nachdem wir Maximilian zu uns erfordert, haben wir sein Gemüt anders nicht verstanden, denn dass er auf den Fall, da Gott diese Sache zu verhofftem Ende schickt, als ein christlicher König nicht allein den Religions- und Profanfrieden getreulich handzuhaben und zu erhalten, sondern auch der Religion halben sich nicht weniger, denn wir hievor in unserer Obligation, so wir ihnen, den Kurfürsten, gegeben, gethan hätten, festiglich und zu ihrem billigen Genügen zu verobligieren und zu verschreiben erbietig[1]). Das war die offizielle Assekuration, die in ihrer allgemeinen Fassung sowohl Katholiken als auch Protestanten befriedigen konnte. Den Erzbischöfen liess übrigens der Kaiser durch seinen Beichtvater Zithard des genaueren mitteilen, was Maximilian versprochen und beschworen hatte[2]).

Der Kaiser sah sich seinem Ziel um ein gut Stück näher. Aber war nicht noch einer da, der alle diese Erfolge durchkreuzen und zunichte machen konnte, Philipp von Spanien? Philipp hatte zwar

---

Wort. „Los que habian venido de los Electores" sind die Abgesandten des Kaisers, die von den Residenzen der Kurfürsten nach Prag zurückgekehrt waren. Wenn Luna sagt: „los ecclesiasticos enviaron á decir . . ., so bezieht sich das auf den Auftrag die Assekuration betreffend, den die Erzbischöfe den kaiserlichen Gesandten mitgaben. — Ritter D. G. 1, 254 Note 2 giebt diese Dinge nicht ganz im richtigen Zusammenhang. Die Forderung des Mainzer Erzbischofs (Sickel 275 Anm.) ist die Veranlassung, nicht die Folge der Erklärung Maximilians. Dass diese letztere sich bei Luna, der doch diese ganze Szene so eingehend beschreibt, in weniger authentischer Fassung finde, als in der Nebeninstruktion vom 14. Februar, (Moser Nr. 27) ist nicht zu sagen. Die Assekuration ist hier viel allgemeiner gehalten, weil für alle Kurfürsten berechnet. Vgl. auch Huber, österr. Gesch. 4, 58.

1) Moser Nr. 27. Bucholtz 9, 569. Nicht nur für die Erzbischöfe, sondern für alle Kurfürsten war diese Assekuration bestimmt, und eben das ist der Grund ihrer allgemeinen Fassung. Natürlich finden sich kleine, aber wichtige Verschiedenheiten im Wortlaut. So heisst es in dem Memorial für die Erzbischöfe: „Und erstlich, wo man auf eine Assekuration der katholischen Religion halben dringen wollte"; das Wort „katholischen" fehlt in der Instruktion für die Gesandten an die protestantischen Kurfürsten. Vgl. Moser p. 637, 643, Bucholtz 9, 569, 571. (Hier die Instr. für die Gesandten an Brandenburg.)

2) M. J. Schmidt, Neuere Geschichte der Deutschen 2, 151.

auf die Succession in Deutschland verzichtet, aber man glaubte noch immer im Reich und im Ausland, er habe seine Absichten auf die deutsche Krone doch nicht aufgegeben [1]). Und Graf Luna richtete am 13. Oktober 1561 ein längeres Schreiben an seinen königlichen Herrn, worin er die Möglichkeit der Wahl Philipps erörtert [2]). Er meint, Philipp könne sich mit Hoffnung auf Erfolg um die Krone bewerben, kommt aber zu dem Schluss, dass es besser sei, wenn Philipp nicht Kaiser werde, denn die Kaiserwürde sei im Grunde genommen nichts; Gehorsam, Treue und Religion befänden sich in einer so schlimmen Verfassung, dass es eine grosse und vielleicht aussichtslose Mühe wäre, hier bessernd einzugreifen [3]).

Philipp antwortete am 28. Januar 1562 [4]). Er findet Lunas Ausführungen sehr verständig und glaubt, dass es für ihn besser sei, von der Bewerbung um die deutsche Krone abzustehen. Er verspricht Maximilian zu unterstützen, verlangt aber — hier treten seine Pläne deutlich zutage — das Generalreichsvikariat in Italien, das Ferdinand ihm 1551 zugesichert und 1558 abgeschlagen hatte. Von Rom aus will er die Welt beherrschen. Den Katholizismus und die katholische Regierung in Deutschland sieht er gesichert durch Maximilians Umkehr und die von diesem gestattete Erziehung seiner ältesten Söhne Rudolf und Mathias in Spanien. Für den aufgegebenen Kaisertitel sucht Philipp anderweitig Ersatz. Er sendet nach Rom und sucht beim Papst um Verleihung des Titels eines Kaisers von Indien nach [5]).

---

1) Bucholtz 7, 509. Ranke S. W. 7, 50. Kluckhohn 1, 303 Note 1. Auch in Paris sprach man davon. Languet berichtet am 26. Oktober 1561 (arc. 2, 154) an den sächsischen Rat Mordeisen: In Paris gehe fortwährend das Gerücht, Philipp strebe ernstlich nach der deutschen Krone und sei sowohl der drei Erzbischöfe als auch Augusts sicher. Die Verwandtschaft des Prinzen von Oranien sei hier im Spiel. Languet glaubt nicht daran und Mordeisen bezeichnet das Gerede über den sächsischen Kurfürsten als ab otiosis aut curiosis novitatum genitoribus sparsa.

2) Bei Heine Zeitschr. f. G. 8, 19 ff. Döllinger 452 ff.

3) Schon in der Instruktion für Lippomano vom 3. Juli 1555 (bei Maurenbrecher Karl V. p. 178*) heisst es: „e si vede che l'autorità imperiale è quasi andata e va ogn 'hora più in rovina".

4) Doc. ined. 98, 284. Auch bei Heine.

5) Lettres de Catherine 1, 504. Lelaboureur Mémoires de Castelnau 1, 797.

So war von dieser Seite nichts Nachteiliges für Maximilians Bewerbung zu fürchten; wohl aber musste dem Kaiser des Pfalzgrafen ablehnendes Verhalten Besorgnis einflössen. Wir sind über die Beweggründe der pfälzischen Politik in der Wahlsache durch die von Kluckhohn veröffentlichten Ratsprotokolle auf das eingehendste unterrichtet, und es verlohnt sich wohl, näher darauf einzugehen, da wir hier die pfälzische Politik Wege der antihabsburgischen Richtung betreten sehen, die bereits im Anfang des Jahrhunderts eingeschlagen waren und im Anfang des folgenden nach der Schlacht am weissen Berge zu der Katastrophe des pfälzischen Hauses führten. Hier heisst noch die Losung: Österreich die Kaiserkrone entwinden! Fünfzig Jahre später: selbst die Krone tragen! Es war ein Ziel, zu dem die pfälzischen Kräfte nicht ausreichten. Österreich stand zu fest da.

Was lag bei antihabsburgischen Tendenzen näher, als Anschluss an Frankreich? Frankreich und Habsburg waren ja die Gegensätze, die von Franz I. bis auf Friedrich den Grossen die europäische Politik beherrschten. Hatte Friedrich III. damals den Anschluss an Frankreich vollzogen? Waren es französische Interessen, die ihn zu seiner ablehnenden Haltung in der Wahlsache bestimmten? Die Behauptung, dass Friedrich Pension von Frankreich bezogen[1]), wird sicher mit Kluckhohn zurückzuweisen sein. Soranzo sagt ausdrücklich, unter den deutschen Fürsten beziehe nur der Herzog Johann Wilhelm von Weimar Pension von Frankreich[2]). Dagegen ist nicht zu bestreiten, dass Friedrich Frankreich gegenüber eine Stellung einnahm, die mehr als „rücksichtsvoll" genannt werden muss. Auf dem Augsburger Reichstag von 1559 bereits trat Friedrich für Frankreichs Interessen gegen die Zurückforderung von Metz, Toul und Verdun auf. Er war der einzige deutsche Fürst, der auf demselben Reichstag für die von den französischen Gesandten verlangte Zulassung des französischen Königs zu den Reichstagsverhandlungen plai-

---

1) Castelnau in seinen Memoiren 1, 212; danach Barthold Deutschland und die Hugenotten 1, 280. Sudhoff Olevian und Ursin 69. Gillet H. Z. 19, 50 Note 2. Languet arc. 2, 201. Vgl. Kluckhohn Briefe 1, XLVII u. 284 Note 1; ferner 2, 1057. Von Bezold, Briefe Johann Casimirs 1, 4.

2) Alberi I, 6, 137. Dalla parte di Francia non vi è altro pensionario fra i principi che Gio. Guglielmo duca di Vimaria.

dierte¹). Er stand zu Frankreich in nahen Beziehungen, das bezeugen uns venetianische Berichte²), er korrespondierte eifrig mit dem Rheingrafen, er stand mit dem König von Navarra in Verbindung, doch nicht so intim, dass der König auf ihn hauptsächlich seine Hoffnungen auf die deutsche Krone bauen durfte. Die pfälzischen Ratsprotokolle über die Wahlangelegenheit erwähnen des Königs und seiner Chancen nicht, geschweige denn, dass der Kurfürst irgend welche Neigung bezeigte, für den König zu stimmen³). Die Gründe, weshalb Friedrich so beharrlich der Wahl Maximilians entgegentrat, sind anderer Art, sie wurzeln in der Gegnerschaft gegen Habsburg und den Katholizismus. Von Anfang an sind sich der Kurfürst und seine Räte wohlbewusst der Gefahr ihrer ablehnenden Haltung und isolierten Stellung, doch sind sie entschlossen, sie bis zum äussersten aufrecht zu erhalten. Der Kurfürst traut Maximilians religiöser Haltung nicht, diesen Argwohn kann auch des Zasius Bemühen in seiner Nebenwerbung vom Ende Dezember 1561 nicht heben⁴).

In sehr aufdringlicher und dabei schwacher Weise lässt sich hier Maximilian von dem katholischen Zasius als gut protestantisch empfehlen, indem er Friedrich mitteilt, er habe neulich zum zweitenmal die ungarische Krone ausgeschlagen, weil man Beichte und Empfang des Sakraments verlangt habe, das er nur sub utraque nehmen wolle. Eher werde er die Würde ganz ausschlagen, als wider sein Gewissen handeln. Das machte wenig Eindruck auf den religiös strengen Kurfürsten, er liess sich, wie er selbst später sagt, honorofice über Maximilian vernehmen, aber ohne Eröffnungen und Zugeständnisse zu machen, wie Maximilian erwartet haben mochte⁵).

---

1) Kluckhohn 1, 50. 58. 60.
2) Nach Soranzo (Alberi I, 6. 138) stehen in amicizia assai stretta mit Frankreich der Pfalzgraf, der Herzog von Württemberg und der Landgraf von Hessen.
3) Das kann übrigens nicht als Beweis dafür gelten, dass der König sich überhaupt nie um die deutsche Krone bemüht habe. — Droysen Preuss. Pol. II, 2, 407 spricht von französischen Bemühungen, die in Heidelberg Eingang gefunden. Sein Beleg ist irrtümlich. Die Verhandlungen Friedrichs mit Frankreich und dem König von Navarra bezogen sich auf Religionsangelegenheiten.
4) Kluckhohn 1, 248 ff. — Häusser Gesch. der Pfalz 2, 26 leugnete religiöse Besorgnisse Friedrichs. — Friedrich hielt Maximilian in der Religion nicht für gerecht und aufrichtig. Vgl. Beilage.
5) Kluckhon 1, 275.

Die kaiserlichen Gesandten erhielten damals einen durchaus ablehnenden Bescheid in beiden Punkten, Reichstag und Succession. Die Äusserungen in der vorausgegangenen Ratssitzung vom 30./31. Dezember sind so bemerkenswert, dass sie nicht übergangen werden dürfen[1]). Eine durchaus antihabsburgische Gesinnung herrscht vor und kommt besonders in dem Votum Sebastian Heurings zum Ausdruck[2]). Seine Ansicht gipfelt in den Worten: Alles was vom Reich komme, diene nur dem Hause Österreich zur Stärkung, und wenn man dieses noch länger gewähren lasse, werde das Reich in Dienstbarkeit kommen.

Im Anfang des Jahres 1562 wurde eine neue Gesandtschaft an die Kurfürsten abgeordnet. Die Instruktionen sind gegeben am 14. Februar[3]). Den kaiserlichen Gesandten gab diesmal auch Maximilian Kommissare mit. Helfenstein und Zasius, die zu den rheinischen Kurfürsten gingen, wurden im Auftrag Maximilians begleitet vom Oberstallmeister der Königin Maria, Adam von Dietrichstein, demselben, der kurz vorher in Rom für Maximilian die Erlaubnis der Kommunion sub utraque einholte[4]). Die Gesandten an Sachsen waren Graf Otto von Eberstein und Christoph von Carlowitz, der berühmte sächsische Staatsmann, der seit 1557 zugleich auch in kaiserlichen Diensten stand. Ihnen gab Maximilian seinen vertrauten Kammerherrn Adam von Schmeckwitz bei. An Brandenburg wurden abge-

---

1) Protokoll bei Kluckhohn 1, 246 ff. Bei Moser nichts.
2) Über Heurings Herkunft und sonstige Thätigkeit ist nicht viel bekannt. Er erscheint zusammen mit seinen Kollegen im geheimen Rat Christoph Probus und Philipp Heyles bereits 1551 in pfälzischen Diensten. Druffel Nr. 706. Heuring ist schon 1532 als Kammerschreiber in Diensten des nachmaligen Kurfürsten Friedrichs II. nachzuweisen. Vgl. die Briefe in Cod. pal. 839 fol. 446, 451 etc. (Heidelb. Universitätsbibliothek.) Sein Geschlecht wird identisch sein mit den Heurings aus Weiden in der Oberpfalz, die öfters in den Matrikeln der Heidelberger Universität vorkommen. Töpke Matrikel 1, 556. 604. — 2, 220. 455. 474. Nach 1562 treffen wir H. nicht mehr in pfälzischen Akten. Er war zusammen mit Probus, Heyles und Christoph Ehem auf dem Frankfurter Wahltag. Hoffmann 2, 364. Heyles kommt nach 1564 nicht mehr bei Kluckhohn vor. Probus stammt aus Alzey und war bis 1561 Vizekanzler, von da bis 1574 Kanzler. Heyles wurde zu Heidelberg immatrikuliert 1527, er stammt aus Heidelberg, Töpke 1, 542.
3) Moser Nr. 28—32. Bucholtz 9, 569 ff.
4) Ein gut katholischer Mann, Doc. ined. 98, 291 und 318. Er brachte 1563 Maximilians Söhne nach Spanien und blieb mit ihnen dort bis 1571. Vgl. A. D. B. 5, 197 f.

ordnet vom Kaiser Graf Joachim Schlick, der Landvogt in der Oberlausitz, und Dr. Prissmann, von Maximilian Ludwig Ungnad von Sonneck[1]). Maximilians Gesandten hatten ihren Herrn zu empfehlen und dabei hervorzuheben, dass er eigentlich nicht so ehrgeizig wäre, nach der Krone zu streben, auch wohl „der schweren Bürd, Sorgfältigkeit und Verantwortung, so die Administration des heil. Reiches sonderlich zu gegenwärtigen sorglichen, gefährlichen Zeiten auf sich trage", bewusst wäre, doch habe er sich seines Vaters Geheiss gefügt[2]). Der Kaiser verwahrt sich gegen den Verdacht, als ob er die Rechte der Kurfürsten beschneiden und das Reich erblich machen wolle. Er beauftragt seine Gesandten, inbetreff der „Rekompens oder Erkenntnis" d. h. der Handsalbe, wie man's im alten Reich etwas derber nannte, mit aller Bescheidenheit Ansprüche auf Land und Leute zu diffikultieren. Dem Kurfürst August wird versichert, der Kaiser denke nicht daran, das Erzstift Magdeburg erblich an Brandenburg zu überlassen.

Die Gesandten begaben sich zunächst nach München[3]). Herzog Albrecht rät dem Kaiser, den Reichstag nicht fallen zu lassen und in den Verhandlungen nicht zu bestimmt sein und Maximilians Kommen zum Wahltag in Aussicht zu stellen, da man noch gar nicht wissen könne, welchen Ausgang der Konvent nehme. Er befürchtet wegen der vielen „verkleinlichen sequelae und Anhäng", es möchten „die Capitulares privatim wohl fromm, hernach aber das Capitel im Gemein ein Schalk sein". Die enge Verbindung mit Philipp II. soll der Kaiser aufrecht erhalten, diesem alles mitteilen und ihn bitten, er möge zum Wahltage einen angesehenen niederländischen Edelmann senden. Die Einigkeit der Vettern, meint Albrecht, verschaffe Maximilian Autorität, und gewisse Kurfürsten, die noch immer auf

---

1) Häberlin 4, 515. Die Instruktion für die brandenburgische Gesandtschaft fehlt bei Moser.

2) Sicher hatten die Gesandten Maximilians geheime Specialaufträge. Das zeigt schon die Verordnung, dass sie ihre Werbung nicht im Beisein der kaiserlichen Gesandten vorzubringen haben. Die letzteren finden das bedenklich, und Ferdinand verordnet, dass beide Gesandtschaften separatim sich ihrer Aufträge entledigen sollen. Moser Nr. 36. 37. 38. 39.

3) Ihr Bericht vom 6. März. Moser Nr. 38. Der Kaiser beschloss, den Reichstag nach dem Kurfürstentag zu halten. Moser 40.

Spanien blickten, würden dann gerne für Maximilian stimmen. Ausserdem macht der Herzog noch ein Bedenken geltend, es betrifft die alte Streitfrage, ob Ferdinand, der noch nicht vom Papst gekrönt sei, zur Wahl eines Nachfolgers schreiten dürfe. Commendone, der kürzlich bei ihm gewesen sei, habe erklärt, die Krönung des Kaisers müsse ins Werk gesetzt werden, da sonst der Papst schwerlich Maximilian die Bestätigung erteilen werde. Der Papst sei sogar bereit, Ferdinand in Deutschland durch einen Kardinal krönen zu lassen [1]). Darauf erwidert Ferdinand: [2]) An Krönung in Italien sei nicht zu denken, eine Krönung in Deutschland sei nicht feierlich genug, er habe auch keine Zeit dazu. Der wahre Grund ist: er fürchtete die Misstimmung der protestantischen Fürsten. Ferdinand war in derselben Lage wie sein Ahn Maximilian I., der ebenfalls nicht vom Papst gekrönt war, dem die Kurie bei seinen Bemühungen, Karl V. die Krone zu verschaffen, ebenfalls entgegenhielt, er sei streng genommen nur römischer König, und zu Lebzeiten eines römischen Königs könne kein zweiter erwählt werden [3]). Auf diese Verhandlungen griff Ferdinand jetzt zurück und liess sie durch seine Räte und Gelehrten untersuchen. Georg Gienger, Philipp Gundling, der niederösterreichische Kanzler Walther, Hans Jakob Fugger, der in seiner „stattlichen und mit unzählbaren Büchern, Traktaten und alten Drucken besetzten Bibliothek" sicher etwas darüber finden könne, erhielten Befehle in diesem Sinn [4]).

Von München aus hatten sich die Gesandten zu Herzog Christoph von Württemberg zu begeben, bei dem sie am 19. März eintrafen [5]). Christoph spielte den Vermittler zwischen dem Kaiser und dem Pfalzgrafen, er sollte diesen umstimmen. Christoph ging darauf ein, nachdem er die nötigen Zusagen erhalten hatte. Sie waren dreierlei Art: die Afterlehenschaft Württembergs von Österreich, die seit dem Cadanischen Frieden von 1534 bestand, sollte fallen, eine Erbeinigung

---

1) Vgl. Miscell. di storia ital. 6, 151.
2) Am 12. März. Moser Nr. 40.
3) Vgl. Voltelini in den Mitteil. des österr. Inst. XI, 50.
4) Moser 42 und 61.
5) Moser Nr. 28 und 49.

zwischen Österreich und Württemberg stattfinden und eine Heirat zwischen einer Tochter des Kaisers und Christophs älterem Sohn [1]).

Schon auf der Zusammenkunft in Bruchsal im Frühjahr 1562 suchte Christoph den Pfälzer in mehreren Unterredungen für Maximilians Wahl zu gewinnen. Friedrich aber hielt ihm die Kurfürsteneinigung von 1558 entgegen, er werde sein Votum nicht zuvor deklarieren, dieweil es wider seine kurfürstliche Pflicht. Auch Pfalzgraf Wolfgang von Zweibrücken und Markgraf Karl von Baden versuchten das Ihre, auch nicht mit mehr Erfolg. Am 26. März schrieb Christoph an Friedrich und wies auf die Gefährlichkeit eines Vikariats und Interregnums hin, trotzdem er sich sagen musste, dass das Reichsvikariat zweier protestantischen Fürsten ihrer Sache nur förderlich sein konnte. Friedrich antwortete am 29. März: die Wahl gehe das ganze Reich an und alle Kurfürsten, sie sei wohl zu überlegen; wenn die kaiserlichen Gesandten zu ihm kämen, werde er sich so verhalten, wie er's vor Gott und der Welt verantworten könne [2]).

Auch der Landgraf Philipp von Hessen empfahl ihm Maximilians Wahl, aber weder seine noch Christophs Ermahnungen wirkten bestimmend auf Friedrich [3]). In den Ratssitzungen wird gar kein Gewicht darauf gelegt, überdies beharrte ja Friedrich auf seinem ablehnenden Standpunkt bis zur letzten Stunde.

Mittlerweile waren die Antworten der Kurfürsten von Sachsen und Brandenburg eingetroffen. August erklärte mit Berufung auf

---

1) Kugler 2, 280. Häberlin 4, 539. Sattler, Württemb. Geschichte 4, 185. Stälin, Wirttemb. Gesch. 4, 635. 637. All diese Versprechungen wurden natürlich nicht gehalten.

2) Beide Briefe fehlen bei Kluckhohn. Sattler 4, 185 f. Kugler 2, 282 Note 180.

3) Von Christoph glaubt das Ranke S. W. 7, 19. — Kluckhohn 1, 272. Aus einer Andeutung bei Rommel 2, 377 ersieht man, dass zwischen dem Landgrafen und dem kaiserlichen Hof durch Zasius' Vermittlung über die Wahlsache verhandelt wurde. Philipp schreibt am 26. März an Zasius, er sei für Maximilians Wahl, da das spanische Regiment dem Reich keinen Nutzen bringe. Auch bei Sachsen agitierte der Landgraf für Maximilians Wahl, wie er sich am 6. Juli gegen diesen selbst rühmt. Moser Nr. 114. — Hier ist noch nachzuholen, dass sich auch Kurprinz Johann Georg von Brandenburg zu Verhandlungen mit dem Pfalzgrafen, sogar zu einer Reise zu ihm angeboten hatte. Sie scheint unterblieben zu sein, wir hören wenigstens nichts mehr davon. Vgl. Moser 21. 22. 26. 28.

den Kurfürstenverein von 1558: Obwohl es ihm nicht gezieme, sich in der Wahlangelegenheit vor gemeinsamer Beratung der Kurfürsten auszusprechen, so sei er doch Maximilian wohlgesinnt und hoffe, Friedrich von der Pfalz werde nachgeben [1]). Auch Joachim von Brandenburg spricht sich günstig für Maximilian aus [2]).

Ende März sind Helfenstein und Zasius in Mainz angekommen. Sie finden den Erzbischof „auf seinem guten Gemüt beharrend", Maximilians Erklärung scheint ihn befriedigt zu haben, doch macht er einige Schwierigkeiten wegen des Ausschreibens zum Wahltag, wovon noch zu reden sein wird [3]). Die Gesandten reisen den Rhein hinab zum Herzog von Jülich, dem Schwiegersohn des Kaisers. Der empfiehlt, des Papstes solle in der Wahlhandlung nicht gedacht werden, man solle ihm der weltlichen Kurfürsten wegen nicht im geringsten gestatten, sich darein zu brocken oder zu mengen. Als die Gesandten versichern, mit Ausnahme der Konfirmation werde das auch nicht geschehen, spricht der katholische Herzog die Hoffnung aus, dass mit der Zeit, wie es früher gewesen, die Päpste von den Kaisern und nicht die Kaiser von den Päpsten ihre Konfirmation einholen müssten [4]).

Am 10. April kommen die Gesandten auf der Rückreise im Schloss des Kölner Erzbischofs zu Brühl an. Am folgenden Tag erhalten sie ihren Bescheid [5]). Erzbischof Johann Gebhard vertritt darin eine bemerkenswerte antipäpstliche Stellung. Er war durch die Errichtung der neuen niederländischen Bistümer beeinträchtigt und darum schlecht auf die Kurie zu sprechen [6]). Die Gesandten wüssten selbst, „wie ein Ding zu Rom wär", und wie bald man darauf käme, kaiserlicher Majestät und den geistlichen Kurfürsten zuzusetzen. Er erinnert an den Streit von 1558 und hält eine Vergewisserung wegen der Konfirmation für angebracht. Die Bedenken der Kurie gegen Maximilians Wahl und Konfirmation, weil Ferdinand noch nicht gekrönt, gelten ihm nichts. Er warnt vor Zugeständnissen an die Protestanten, die

---

1) 24. März. Moser 51. Vgl. 53. 54.
2) 31. März. Moser 55.
3) Moser 57.
4) Moser 67.
5) Moser 67.
6) Sickel p. 203.

jedenfalls Versuche machen würden. Maximilian ist er wohlgesinnt, er glaubt an seine Katholizität.

Über die Verhandlungen mit dem Erzbischof Johann von Trier in Koblenz und Lahnstein fehlen die Berichte bei Moser. Jedenfalls sprach sich der Erzbischof in ähnlicher Weise wie die andern aus. Doch erfahren wir von verschiedenen Bedenken, die er hervorhob[1]). Er wies darauf hin, dass seiner Ansicht nach die Wohlfahrt des Reiches darauf beruhe, dass der zu wählende ein Katholik und dem geistlichen Stande wohlgewogen sei, auch mit Philipp von Spanien in enger Verbindung stehe. Die Gesandten gaben ihm die beruhigende Erklärung, dass an Maximilian weder in Religion- noch in Profansachen ein Bedenken sei und dass er mit Philipp in gutem Verständnis stehe. Der Erzbischof wünschte, dass Philipp an die Kurfürsten, zumindest an die geistlichen schreibe und ihnen die Wahl Maximilians empfehle, um damit zu zeigen, dass er einwillige. Man sieht Trier steht unter spanischem Einfluss und sucht wegen der niederländischen Nachbarschaft die Freundschaft Philipps zu erhalten.

Am 25. April trafen die Gesandten in Heidelberg ein und nahmen Herberg im herrlichsten der deutschen Fürstenschlösser, wo es aber so einfach, so still und so ernst herging, dass die Gesandten im Vergleich zu der „fürtrefflich guten Traktation" in den üppigen Bischofssitzen den Empfang schlecht und gering fanden[2]). Schon einige Wochen vor ihrer Ankunft wurden zu Heidelberg im geheimen Rat Verhandlungen gepflogen über die fernere Haltung des Kurfürsten. Es war klar, dass es schwer und gefährlich sein werde, dem Hause Österreich „das Kaisertum aus der Hand zu distillieren"[3]), aber die antiösterreichische Stimmung hielt vor im kurpfälzischen Rat. Aus dem Protokoll der Sitzung vom 6. April[4]) ersehen wir, dass der Erzbischof von Mainz an den Kurfürsten Bericht erstattet hatte über die Antwort, die er dem Kaiser gegeben, doch konnte man nicht daraus ersehen, ob der Erzbischof in den Kurfürstentag willige. Der Kurfürst wandte sich an Mainz um nähere Mitteilung, und der Erz-

---

1) Moser 68.
2) Moser 68.
3) Vom Grosshofmeister Eberhard von Erbach früher schon hervorgehoben. Kluckhohn 1, 247.
4) Kluckhohn 1, 272 f.

bischof versprach einen Gesandten nach Germersheim zu schicken. Probus wurde zur Verhandlung dahin abgesandt. Auch diesmal trat Sebastian Heuring wieder scharf gegen Habsburg auf. Wenn die Kurfürsten zugestimmt hätten, könne Pfalz allein nicht Widerstand leisten, aber aus dieser Wahl werde eine weitere Verderbung des Reichs erfolgen. Den kaiserlichen Gesandten solle man eine möglichst unbestimmte Antwort geben. Der Kurfürst und Prinz Ludwig stimmten ihm bei.

Am 9. April fand abermals eine Ratssitzung statt, in der sehr bemerkenswerte und interessante Äusserungen fielen[1]). Dr. Probus rät, man solle wenigstens dem Kurfürsten von Mainz die Augen öffnen und ihn wenn möglich gewinnen. Man solle ihn auf die goldene Bulle, auf Ferdinands I. Kapitulation, auf die Kurfürsteneinigung hinweisen und ihn daran erinnern, wie vordem sich die Fürsten und Stände des Reichs über die Kurfürsten beklagt und ihr Einschreiten angedroht hätten[2]), wie 1552 über den Versuchen, die Krone erblich zu machen, der Fürstenaufstand ausgebrochen sei. Man solle sich auf frühere Wahlhandlungen berufen und eine Zusammenkunft der rheinischen Kurfürsten anregen. Sebastian Heuring warnte auch hier wieder in scharfen Worten vor Habsburg, das dem Reich seine Libertät rauben wolle. Die Kapitulation verbiete die Succession, trotzdem werde sie jetzt gesucht und zwar bei jedem Kurfürsten besonders.

Am 26. April wurden Helfenstein und Zasius von versammeltem Rat empfangen[3]). Sie richteten an den Kurfürsten die Bitte, er solle zum Konvent seine Zustimmung geben, zumal ja alle anderen Kurfürsten zugestimmt hätten. Von einer Neuerung solle nicht die Rede sein. Nach ihrem Weggang wurde Dietrichstein empfangen, der, wie seine Instruktion vorschrieb, Maximilians Wahl empfahl.

---

1) Protokoll bei Kluckhohn 1, 273 ff.

2) „Haben sich die Fürsten und stend hievor vernemen lassen, die churfursten geen selzam mit dem reich umb, sollen zusehen, das die nit in der grünen stuben einmal in die rote stuben tretten und einsehens haben". Kluckhohn 1, 274.

3) Die Akten bei Kluckhohn 1, 285 ff. Bericht der Gesandten Moser 68. Anwesend waren: der Kurfürst, Prinz Ludwig, der Grosshofmeister Graf Eberhard von Erbach, der Marschall Christoph von Steinach, Dr. Probus, Dr. Heyles, der Protonotarius (Sebastian Heuring) und der Geheimschreiber (Stephan Cirler). Die Antwort des Kurfürsten fehlt bei Moser. Häberlin 4, 581 nach Sattler.

Am Nachmittag des 26. April fand die entscheidende Ratssitzung statt. Die Stimmung war eine ausgesprochen Habsburg feindliche. Probus und Heyles sprachen gegen die Neuerung, dass man die Kurfürsten einzeln zur Wahl Maximilians zu verpflichten suche. Das dürfe sich nicht weiter einschleichen und müsse auf dem Kurfürstentag zur Sprache gebracht werden. Heuring that den bemerkenswerten Ausspruch, es sei gut, „dass zur Abstellung der Beschwerden die Dignität einmal auf eine andere Linie komme".

Er verlangt freies Reden und freies Handeln auf der Zusammenkunft, die man nicht verweigern könne. Der Grosshofmeister meint ebenfalls, die Zusammenkunft sei nicht gut abzuschlagen, sonst sei nicht nur die Ungnade des Kaisers und Maximilians, sondern auch der Vorwurf der Konfessionsverwandten zu gewärtigen. Es fehle eben an der Hauptsache, das Reich sei nicht so geschaffen, wie es sein solle. Auch Prinz Ludwig ist dieser Ansicht. Der Kurfürst zögert noch, er hält bei der Wichtigkeit der Sache noch eine zweite Sitzung für nötig. Diese findet am nächsten Tag — am 27. April — statt. Man kommt schliesslich zu dem Beschluss, den kaiserlichen Gesandten folgende Antwort zu geben: wenn der Erzbischof von Mainz rite an gebührender Malstatt eine Zusammenkunft ausschreibe und den Kurfürst dazu einlade, wenn ferner die andern fünf Kurfürsten in Person erschienen, so wolle der Kurfürst den Tag besuchen, der Werbungen eingedenk sein und alles befördern helfen, „so zu des Reiches Ehren und Aufnehmen dienen und Haupt, Stand, Gliedern und Unterthanen zugute kommen mag". Gewiss eine möglichst unbestimmte, verklausulierte Antwort, die bezüglich Maximilians gar nichts verspricht. Friedrich ist noch lange nicht gemeint, ohne weiteres für den Habsburger zu stimmen. Er gedenkt auf dem Wahltag frei zu reden, und seit er von den Erzbischöfen nichts mehr zu hoffen hat, rechnet er besonders auf Sachsen und Brandenburg. Beim Abschied sucht Helfenstein noch einige Zugeständnisse aus Friedrich herauszulocken, aber der Kurfürst bleibt fest. Sein Standpunkt ist: er habe die Kurfürsteneinigung zu befolgen, wonach die Wahlhandlung nur collegialiter durch die Kurfürsten traktiert werden könne. „Darbei es bleiben und wir darauf stracks wiederum davongeritten", schreiben die Gesandten am Schluss ihres Berichts.

Am 5. Mai dankt der Kaiser den Gesandten für ihren getreuen, emsigen Fleiss[1]), er ist seinem Ziel bedeutend näher gerückt. Was trug's aus, wenn der Pfalzgraf allein widerstand, die andern waren ja so gut wie gewonnen[2]). Mitte Juni schreibt Katharina an ihren Gesandten in Deutschland, Bernadin Bochetel, den Bischof von Rennes, sie halte die Wahl des Königs von Böhmen für sicher[3]).

---

1) Moser 71.
2) Vgl. Doc. ined. 98, 324.
3) Lettres 1, 334.

Viertes Kapitel.
Die Wahl.[1])

Graf Luna fuhr fort, Maximilian mündlich und brieflich zu bearbeiten, und er konnte am 30. März 1562 befriedigt seinem König berichten: Die grosse Schwenkung, die Maximilian gemacht, offenbart sich täglich mehr, sowohl in seinen Unterredungen mit gelehrten Männern, als auch in andern Dingen, die er jetzt thut, während er früher nicht gewohnt war, sie zu thun; er nimmt an Prozessionen, Messen und Vespern teil, tritt überhaupt so auf, dass die Katholiken mit grosser Befriedigung, die Nichtkatholiken mit Ekel und Missfallen erfüllt sind[2]). Maximilian hatte ganz den Anschluss an die verhasste spanisch-katholische Politik vollzogen, durch sie hoffte er jetzt zu seinem Ziele zu kommen. Den verhassten spanischen Vetter liess er um Unterstützung bei der kommenden Wahl bitten.

Noch war Maximilian nicht zum König von Böhmen gekrönt; dem Kurfürstentag sollte diese Krönung vorausgehen. Da der Kaiser den Wahlkonvent nicht zu spät ins Jahr geraten lassen wollte, „als in die Zeit der frisch feisten Brunst oder des Schweinehetzens, da die Kurfürsten, besonders die weltlichen, die Jagd nicht gern versäumten und alsdann schwer von Haus wegzubringen sein würden"[3]), so war er für Trinitatis, den 24. Mai, als Wahltermin. Das war jedoch aus

---

1) Wir haben über den Frankfurter Wahltag eine ganze Anzahl gleichzeitiger Berichte. Aus der Berliner Bibliothek lagen mir allein acht vor. Doch haben diese Berichte, die sich lediglich auf eine Darstellung des Wahl- und Krönungsceremoniells, der Volksfeste und Bankette beschränken, keinen Wert für uns. Nur die angehängten Verzeichnisse der anwesenden Fürsten, Herrn und Räte sind von Interesse. Vgl. auch Goldast, Reichshändel, p. 66 ff.

2) Doc. ined. 98, 316 ff.; ähnlich Margaretha an Philipp II. Gachard, Corr. de Marg. II, 91.

3) Ferdinand an Maximilian. Moser 36.

allerhand Gründen unthunlich. Der Erzbischof Daniel von Mainz schlug den 1. Juli vor, Sachsen und Brandenburg wünschten den Oktober[1]); der Kaiser entschloss sich für Mitte Juli, bis dahin konnte sich auch Maria, die Gemahlin Maximilians, von ihrer Niederkunft, die am 21. Juni erfolgte[2]), soweit erholt haben, um der böhmischen Krönung und dem Frankfurter Wahltag beizuwohnen. Maximilian war diese Verschiebung nicht sehr willkommen, er besorgte widerwärtige Praktiken, besonders der Franzosen, den Tod eines Kurfürsten, Nachfolge eines antiösterreichisch gesinnten, er meinte, am Ende möchte der Kurfürst, der ohnehin zum Wahltag keine sonderliche Lust zeige, das benutzen und nach dem Vikariat trachten[3]).

Am 13. Mai erliess der Erzbischof von Mainz das Ausschreiben und lud die Kurfürsten auf den 15. Juli zu einer Zusammenkunft in Frankfurt ein. Ein kaiserliches Nebenausschreiben, gegeben zu Prag am 6. Mai, erinnerte an die Gesandtschaften und Verhandlungen und bat um der Kurfürsten persönliches Kommen[4]). Die geistlichen Kurfürsten und der Pfalzgraf erklärten sich alsbald zu persönlichem Erscheinen bereit, dagegen weigerten sich die Kurfürsten von Sachsen und Brandenburg mit Berufung auf Joachims Kranksein, und auf die goldene Bulle, die eine Zwischenfrist von drei Monaten bestimme[5]). So sah sich der Kaiser genötigt, den Wahltag noch weiter zu verschieben; als Tag der Zusammenkunft wurde endgiltig der 20. Oktober festgesetzt. Diesen neuen Termin teilte Erzbischof Daniel am letzten Mai den Kurfürsten mit[6]).

Auch Johann Friedrich von Sachsen hatte seinem Schwiegervater Friedrich von der Pfalz zur Wahl Maximilians geraten; und auch auf seiner Zusammenkunft mit dem Pfalzgrafen zu Gelnhausen, Ende Juni, scheint Johann Friedrich für Maximilian gesprochen, und Friedrich sich günstig geäussert zu haben, wenigstens schreibt der Landgraf Philipp, mit dem Friedrich kurz darauf am 28. Juni in

---

1) Moser 66.
2) Maximilian an Christoph. Linz, 21. Juni 1562, bei Lebret.
3) Moser 70.
4) Bei Hoffmann, Sammlung ungedruckter etc. Nachrichten 2, 300 ff. (nicht bei Moser).
5) Sämtliche Briefe bei Moser.
6) Hoffmann 2, 304 f.

Marburg zusammentraf, an Maximilian, Friedrich trage ein gutes und freundliches Vertrauen zu dem König[1]). Aber doch war Friedrich noch nicht für Maximilian gewonnen, er schwankte noch und zog, gewissenhaft, wie er war, überall Erkundigungen und Ratschläge ein. Vom 6. bis 12. Oktober fanden in Heidelberg die abschliessenden Beratungen des geheimen Rates statt. Das Resultat ist ein Aktenstück, das Friedrich als Grundlage seines Verhaltens in Frankfurt dienen sollte: Extrakt aus der Heidelbergischen Konsultation, höchst beachtenswert[2]). Beibehalten ist der alte Standpunkt: Festhalten an allen Privilegien und Rechten, an der Kapitulation und der goldenen Bulle. Wenn die sechs Kurfürsten nicht vollzählig erscheinen, soll sich der Kurfürst überhaupt nicht in die Wahlhandlung einlassen, „weil von des Reichs Gravaminibus, so nicht jedermann zu vertrauen, geredet werden müsste". Bei der zweiten Umfrage soll der Kurfürst erklären, es sei bei Lebzeiten eines Kaisers nicht nötig, einen römischen König oder kaiserlichen Gehilfen zu wählen. Das bringe dem Reich keinen Nutzen und gebühre ihm nicht, schon deshalb nicht, weil damit Pfalz und Sachsen um ihr Vikariatsrecht kämen. Noch mannigfache andere Gründe werden beigebracht, die wichtigsten sind: das Reich werde erblich, wenn die Krone immer dem Haus Habsburg verbleibe; man habe dann im Reich auch zwei Häupter zu erhalten, und könne das eine kaum erhalten[3]); Österreich und Spanien würden bald zusammenfallen, daraus werde dem Reich die grösste Gefahr erwachsen. Das sind die Hauptmotive der Abneigung des Pfalzgrafen gegen Maximilians Wahl. Er will keinen Katholiken, keinen Habsburger, keinen zweiten Karl V., der gestützt auf Österreich und Spanien die territorialen Gewalten und die so eng mit diesen verknüpfte Reformation

---

1) Bei Moser 114; vgl. Kluckhohn 1, 303 Anm. 1 und 213 Anm. 1. Über die Tage von Gelnhausen und Marburg Heidenhain 435, 443. Johann Friedrich hatte seinen Schwiegervater nach Gelnhausen eingeladen. Hier und in Marburg kamen nach Heidenhain besonders auch französische Angelegenheiten zur Sprache.

2) Kluckhohn 1, 351—55.

3) Schon früher hatte Friedrich sich darauf berufen, der Kaiser aber liess ihm durch Christoph erklären: wenn er seinen und seiner Kinder Unterhalt nirgend anders her als vom Reich bezöge, dann müssten sie oft schmale Bisslein essen. Er könne über jeden Pfennig aus den Reichsgeldern Rechenschaft ablegen. Moser 28. Nach Soranzo (Alberi I, 6, 129) betrugen damals die Einkünfte des Kaisers aus dem Reich nur 15000 Gulden jährlich.

zurückdrängen kann. Ein Reichsvikariat Friedrichs zusammen mit August von Sachsen wäre der protestantischen Lehre sehr förderlich gewesen, und der Hinblick darauf mag Friedrich nicht zuletzt bestimmt haben. Gerade darin erblickt Luna den Grund für Friedrichs ablehnende Haltung und August's anfängliche Weigerung, den Reichstag zu besuchen [1]).

Dass Friedrich in der That von einem Vikariat viel Vorteil erhoffte, zeigt der Passus in seinem Testament, wo er seinem Nachfolger empfiehlt, bei der nächsten Königswahl auf ein Vikariat hinzuarbeiten, das könne nicht nur zur Erhaltung der Libertät des Reichs und der Freiheit der Kurfürsten, sondern ganz besonders auch zur Fortpflanzung der wahren Religion eine zeitlang Raum und Platz geben [2]).

Bereits in jener Konsultation wurde aber auch die Möglichkeit des Nachgebens erörtert und die Bedingungen festgestellt, unter denen Friedrich Maximilians Wahl zugeben könnte. Friedrich sah eben doch ein, dass mit den protestantischen Kurfürsten in Frankfurt nichts mehr anzufangen war und dass sein alleiniger Widerstand gegen den Kaiser keine Aussicht hatte durchzudringen. Er war völlig isoliert, von seinen Glaubensgenossen verlassen. Auf Brandenburgs Beistand hatte er nie gehofft, wohl auf Sachsen. August war völlig ins kaiserliche Lager hinübergeschwenkt. Dem Württemberger graute vor einem Wahlkrieg, er hatte seine partikularen Interessen, der Landgraf Philipp ermahnte zur Nachgiebigkeit. Was blieb Friedrich übrig? Zur Aufrechterhaltung des Widerstands fühlte er sich zu schwach. Er steckte tief in Schulden und finanzieller Verlegenheit, Graf Luna nennt ihn einmal den ärmsten Mann im Reich [3]); dazu

---

1) Luna an Philipp, 14. September 1561 Doc. ined. 98, 243 f. — Soranzo (Alberi I, 6, 140) giebt noch einen weiteren Grund an: Friedrich nehme dem Kaiser sehr übel, dass er 1558 die (seit 1423 und neuerdings wieder seit 1531 für 100 000 Thaler) an die Pfalz verpfändete Landvogtei über die elsässische Dekapolis wieder eingelöst habe. Vgl. Bucholtz 7, 513. Pap. d'Etat 6, 626.

2) Testament Friedrichs ed. Kluckhohn, Abhandl. der bayer. Akad. d. Wiss. histor. Klasse. XII. Abt. III. p. 98. Unter den eigenhändigen Notizen Johann Casimirs in Cod. pal. 839, fol. 167 befindet sich folgende charakteristische Stelle: In summa summarum ad interregnum kommen lassen sunsten würde unser Reich zur Monarchia des Haus Ostereich werden. — Vgl. Corr. de Marg. 2, 91.

3) El Palatino, con quien platican mucho franceses, es el más pobre hombre que hay en Alemania. Doc. ined. 98, 276; vgl. Kluckhohn 1, LVIII. 30 etc. Eine

kam als weiteres Moment hinzu, dass der Pfalzgraf im Übergang zum Calvinismus begriffen den Kaiser sich nicht zum Feind machen durfte, da er doch allerlei Anfeindungen erwarten musste und auch bereits in Frankfurt zu erfahren hatte[1]). Zu der prekären finanziellen und politischen Lage tritt als drittes des Kurfürsten persönliche Abneigung gegen Streit und Händel, in die er durch das Beharren auf dem Widerstand gegen Maximilians Wahl sicher wäre verwickelt worden. „Ich thue als der getreu Eckart", schreibt er einmal an seinen Schwiegersohn, „warne treulich, ich bin zu gering dazu, dass ich's mit meinem Vermögen verhüten, wo ich durch treue Verwarnung nit vorkommen kann"[2]).

Und welches sind die Bedingungen, unter denen Friedrich in die Wahl willigen zu können glaubt? Als beachtenswert seien daraus hervorgehoben: die Protestanten sollen mit dem Konzil nicht beschwert werden, die Beschlüsse desselben sollen nicht mit Gewalt ausgeführt werden, der Religionsfrieden soll verbessert, die Freistellung gewährt werden; ferner: Türkenhilfe ist nur im Fall augenscheinlicher Not und dann nur mit Truppen, nicht mit Geld zu gewähren, Konstanz und Württemberg sind zu restituieren. Alles recht schöne Bedingungen, nur fand keine in die Kapitulation Eingang[3]).

Bevor wir zum Wahltag selbst übergehen, müssen wir doch noch zwei Fragen beleuchten, die sich während der Vorverhandlungen er-

---

Zusammenstellung der Schulden und Anlehen, die Friedrich vor Antritt der Kurwürde gemacht hatte, findet sich in Cod. pal. 839, fol. 514 f. (Heidelb. Universitätsbibl.). Sie betragen gegen 28 000 Gulden. In demselben Cod., der eine Fülle von Originalakten, Briefen und Notizen enthält, findet sich auf fol. 285 die Bemerkung: Churfurstlicher Pfaltzs Schulden, die von Pfaltzgraf Othen an biss anhero gemacht und noch vergüldtet werden, sint in hauptsach, uhngeferlich, vermög Pfaltzs Schuldtbüchern 1 285 700 f. und ist mehrerteils Goldtgulden, die gleichwol nicht höher, als gulden fur gulden gelegt worden. A°. 83.

1) Kluckhohn 1, 371.
2) 29. Okt. 1562; vgl. am 16. März 1560; Ich wollt mich in Welthändel nicht gern einthun lassen. Kluckhohn 1, 355 u. 130; vgl. auch das Urteil v. Bezolds über Friedrich: Briefe Joh. Cas. 1, 2 ff.
3) Als es sich um Rudolfs Wahl 1574/75 handelte, nahm Friedrich eine ähnliche antihabsburgische Stellung ein, auch hier musste er nachgeben, weil er sich von seinen Glaubensgenossen verlassen sah. Vgl. Kluckhohn 2, 745 f. 878 etc. — Gegen Türkenhilfe verhielt sich Friedrich von Anfang an ablehnend. Ritter, Arch. f. d. sächs. G. N. F. 5, 296.

hoben. Einmal, ob es erlaubt sei, ausser den Kurfürsten auch andere Reichsfürsten zum Wahltag einzuladen. Die goldene Bulle gebietet zwar den Frankfurtern, ausser den Kurfürsten und ihrem Gefolge von höchstens zweihundert Pferden während der Wahl niemand in die Stadt einzulassen. Aber bereits bei Maximilians I. Wahl war nicht mehr darauf geachtet worden und auch diesmal kehrte sich der Kaiser nicht an die Bestimmung. Er zog ausführlich die Gründe für und wider in Erwägung[1]), er fürchtete, es möchte daraus Ärgernis bei den Kurfürsten entstehen, zumal zu den letzten zwei Wahlen keine Fürsten geladen waren, er beschloss nur die Herzöge von Bayern, Jülich und Württemberg, sowie den Landgrafen von Hessen einzuladen. Maximilian stimmte dem bei. Wer ungeladen kommen wolle, dem solle es nicht verwehrt sein. So strömte denn während der Wahl eine Menge von Fürsten mit ihren Räten und Dienern, Edelleuten und Gesandten in Frankfurt zusammen[2]).

Ein zweiter Punkt betrifft das Ausschreiben. Auch hier ist es interessant zu sehen, wie man um die goldene Bulle herumzukommen sucht. Die goldene Bulle bestimmt: drei Monate vor dem Wahltag soll der Kurfürst von Mainz an seine Mitkurfürsten ein Ausschreiben richten und sie einladen, persönlich zu erscheinen, oder Gesandte zu schicken; der Kurfürst, der das nicht thue, geht seines Rechts verlustig. Diese letzte Komminationsformel und das Recht des Mainzers überhaupt findet diesmal Gegner in den Kurfürsten von Sachsen und Brandenburg. Sie verlangen[3]), der Erzbischof von Mainz solle diesmal mit Weglassung aller Komminations- und Pönalklauseln allein auf Grund der Kurfürsteneinigung von 1558, nicht kraft der goldenen Bulle die Kurfürsten zu einer Zusammenkunft einladen. Dem solle

---

1) In einem Schreiben an Maximilian vom 6. Mai, bei Moser 75.
2) Verzeichnisse der ·Anwesenden finden sich bei Goldast, Reichshändel, p. 69, 81 ff. Reichssatzungen 1, 276 ff.
3) Moser 51 und 52. Sie weisen darauf hin, dass der Kurfürst von Sachsen bei Ferdinands Wahl erklärt habe, eine Wahl bei Lebzeiten des Kaisers sei überhaupt unzulässig, jedenfalls dürfe nicht cum comminatione citiert werden, die Kurfürsten brauchten nicht zu erscheinen. Vgl. dazu Goldast, Reichshändel 136. Über die Bestimmungen, die hierzu im Kadanschen Vertrag angebahnt wurden, Winckelmann, Zeitschr. f. Kircheng. XI. (1890) 220. — Man behauptete, der Erzbischof habe nur bei einem Interregnum das Recht eines Ausschreibens Kraft der goldenen Bulle.

der Kaiser ein Neben-Ausschreiben beifügen [1]). Bei dieser Art der Berufung habe man nicht nötig, die vorgeschriebene Frist von drei Monaten innezuhalten. Dem Kaiser war das sehr willkommen, der Erzbischof von Mainz machte natürlich Schwierigkeiten und berief sich auf die goldene Bulle und alte Wahlakten, die er den kaiserlichen Gesandten vorlegte. Diese fanden seine Einwände nicht unbegründet [2]). Der Kaiser unterzog die Sache einer eingehenden Beratung zusammen mit dem alten Rat Gienger, den er nach Prag hatte kommen lassen, und sandte den Gesandten am 17. April ein Schreiben [3]), worin er zugiebt, dass Mainz nicht nur vacante imperio, sondern in allen Fällen das Recht des Ausschreibens zustehe; doch bittet er den Erzbischof, diesmal nachzugeben wegen der Schwierigkeiten, die sonst Sachsen und Brandenburg machen könnten. Eigentlich seien zwei Ausschreiben nötig, eine Einladung zum Kurfürstentag und eine Citation zum Wahltag. Die Citation solle in Frankfurt selbst erfolgen in offenem Verkündbrief mit angehängter Bedrohung und Pönalklausel. Die Einladung zum Konvent solle der Erzbischof nicht mit Berufung auf die goldene Bulle, sondern auf den Kurfürstenverein ergehen lassen. Er, der Kaiser, werde ein Nebenausschreiben versenden, das jedoch, wie Mainz gewünscht, ganz allgemein gehalten sein werde. Dabei blieb es.

Bis in den Oktober liess der Kaiser den Papst ohne jede offizielle Mitteilung von den Verhandlungen und der bevorstehenden Wahl. Er wollte jede Gelegenheit zu Streitigkeiten vermeiden und dem Papst mit dem fertigen Faktum entgegentreten. Als Kardinal Borromeo im Mai anfragte, wie weit die Verhandlungen gediehen seien, antwortete der Kaiser, er könne noch nichts bestimmtes mitteilen, da die Sache noch nicht weit genug gediehen sei [4]).

Am 20. und 21. September erfolgte unter grosser Prachtentfaltung die Krönung Maximilians und seiner Gemahlin in Prag. Mitte Oktober begab sich der Kaiser mit Maximilian, Maria, vielen Fürsten

---

1) Der Kurfürst von Brandenburg wollte sogar, das Ausschreiben solle diesmal allein vom Kaiser ausgehen. Moser 63.
2) Moser 57.
3) Moser 65.
4) Sickel 298.

und grossem Gefolge auf die Reise nach Frankfurt. Maximilian kam am 23. Oktober dort an, am folgenden Tag hielt Kaiser Ferdinand, begleitet von einer grossen Zahl von Fürsten und Herrn, die geladen oder uneingeladen sich eingefunden hatten, seinen Einzug in die Reichsstadt.

Ausser dem Erzbischof Johann Gebhard von Köln, der totkrank darniederlag, waren alle Kurfürsten persönlich erschienen. Am 27ten Oktober hielten sie ihre erste Sitzung im Römer[1]). In der zweiten Sitzung am folgenden Tag beschlossen sie, mit dem Artikel von der Administration des Reichs ihre Beratungen zu beginnen, d. h. mit der Verhandlung über Maximilians Wahl[2]). In der dritten Session am 30. Oktober erschien der Kaiser mit einem Gefolge von Fürsten und liess eine Proposition verlesen, worin er den Kurfürsten für ihr Erscheinen dankt, noch einmal die Gründe aufzählt, die ihn zur Einleitung des Wahlgeschäfts bestimmten, und die Kurfürsten bittet, „das vorhabende Werk zu verhofftem glücklichen Fortgang und Endschaft zu bringen"[3]). In ihrer Antwort am 31. Oktober hoben die Kurfürsten hervor: der Kaiser sei noch „so wohl vermögliches Leibes und dermassen geschaffen, dass er die Bürde des Reichs noch wohl allein tragen könne und keines Gehilfen bedürfe"[4]). In seiner mündlichen Replik bat der Kaiser dringend um die Wahl eines solchen, um nach seinem Tod allerhand Fährlichkeiten zu verhüten. Es war der erste und letzte Versuch des Widerstands gegen die Wünsche des Kaisers; schwach wie er war, brach er alsbald in sich selbst zusammen.

Am Nachmittag des 31. Oktober berieten die Kurfürsten, ob es nötig und nützlich sei, eine Wahl vorzunehmen. Nach langem Hin- und Herverhandeln kamen sie zu dem Beschluss, zur Wahl zu schreiten. Es ist sehr bedauerlich, dass wir über diese Verhandlungen, bei denen sicher Pfalzgraf Friedrich mit seinen Bedenken hervortrat, so wenig genaues wissen[5]). Jedenfalls fand Friedrich nirgends Anklang, man

---

1) Hoffmann 2, 312.
2) Hoffmann 2, 317 f.
3) Hoffmann 2, 321 ff.
4) Hoffmann 2, 325 ff.
5) Hoffmann 2, 328 f. Die Verhandlungen dauerten von Mittags 2 Uhr bis abends zwischen 7 und 8 Uhr. „Allerseits von diesen Sachen, sonderlich was

setzte ihm von allen Seiten zu, und er gab seinen hoffnungslosen Widerstand auf. Dass er in Frankfurt gehörig bearbeitet wurde, ist klar. Dem jungen Landgrafen Wilhelm war von seinem Vater Philipp der Auftrag geworden, Friedrich für Maximilians Wahl zu gewinnen. Wir haben einen interessanten Bericht Wilhelms über seine Unterredungen mit Friedrich vom 28. Oktober 1562[1]). Der Landgraf hatte mehrere Unterredungen mit dem Pfalzgrafen über die kommende Wahl. Friedrich äusserte sich sehr vorsichtig, er werde seiner Pflicht gemäss handeln und thun, was ihm Verstand und Gewissen gebieten. Aber soviel konnte Wilhelm schon damals seinem Vater berichten: Friedrich gedenke nicht, sich von den anderen Kurfürsten abzusondern und allein Widerstand zu leisten; wenn es zur Wahl kommen sollte, werde er Maximilian seine Stimme geben. Unter diesen Verhältnissen war Maximilians Wahl so gut wie schon geschehen, und bereits Ende Oktober ist Wilhelm davon überzeugt. Maximilian selbst gab sich viele Mühe bei Friedrich und den andern Protestanten, wir wissen aus späteren Andeutungen, dass er August und Friedrich versprach, während seiner künftigen Regierung die augsburgische Konfession zu halten und zu begünstigen[2]). Sicher lag auch hierin ein Motiv für Friedrich, seinen Widerstand aufzugeben, da er ja nach Maximilians Zusagen ein protestantisches Regiment erhoffen durfte und sich mit seiner Wahl versöhnen konnte. Dass er das that, zeigt sein Brief vom 14. Dezember 1562 an Herzog Johann Wilhelm von Sachsen, worin es heisst: „Dass E. L. ein Freud und besonders Frohlocken haben ob der römischen Königswahl, hab

---

kraft der gulden Bull thunlich, auch dem heil. Reich nützlich, einen römischen König zu wählen, stattlich geredt, und in utramque partem viel ansehnliche argument, Bedenken und Exempel angeführt worden, wie in den protocollis ex singulorum rotis verzeichnet zu finden." Leider fehlen diese Protokolle; soviel können wir aber sagen, dass es in dieser Sitzung zu ernsten und eingehenden Debatten kam.

1) In der Beilage. Vgl. Rommel 2, 578.

2) Franz von Cordova behauptet, das von glaubwürdigen Reichsbeamten gehört zu haben. In einem Brief vom 14. September 1572 bei Maurenbrecher, H.-Z. 32, 285. Friedrich berief sich später mehrmals auf Maximilians „christliche Erbietungen", um seine Forderung der Freistellung zu begründen. So im Schreiben an Maximilian am 16 August 1564. Goldast, Reichshändel 762. Kluckhohn 1, 519 und 520. Vgl. Sächs. Archiv 3, 833—35.

ich ganz gern gehört und bin ich neben E. L. des Verhoffens, Ihre königliche Majestät mögen und werden als von dem allmächtigen Gott ein geordnetes Haupt, da sie das Regiment erlangen, bei der Kirchen Christi viel thun, darum ich den lieben Gott zu bitten meines Teils, soviel Gott Gnad verleihet, an mir nichts will erwinden lassen" [1]). Einstimmig beschlossen die Kurfürsten die Wahl. Wie sie ins Werk zu setzen sei, war Gegenstand ihrer weiteren Beratungen. Vom Kaiser wurde ein Revers verlangt und ausgestellt [2]), dass die Anwesenheit der vielen Reichsfürsten und ausländischen Gesandten in Frankfurt den Bestimmungen der goldenen Bulle „unabbrüchig und unschädlich" sein solle; die kurfürstlichen Privilegien sollen aufrecht erhalten bleiben. Am 14. November erfolgte endlich die Citation des Erzbischofs von Mainz zur Wahl am 24. November in offenem Verkündbrief. Die Kurfürsten erklärten sich alle bereit, auch der an Stelle des inzwischen verstorbenen Johann Gebhard neugewählte Erzbischof Friedrich von Köln [3]).

Eine kleine, halbkomische Episode sei noch erwähnt, um zu zeigen, wie man die goldene Bulle umging und doch gleichzeitig wieder in Geltung zu halten suchte. Der Rat der Stadt Frankfurt weigerte sich den vorgeschriebenen Eid zu leisten, der ihm die Verpflichtung auferlegte, während der Wahl ausser den Kurfürsten und je zweihundert Pferden ihres Gefolges niemand in die Stadt einzulassen. Waren doch ausser den Kurfürsten und ihrer Begleitung, die selbst schon an Zahl über das Mass des Erlaubten hinausging, der Kaiser, viele Fürsten und Herrn, Gesandte, Räte, Diener und Fremde in Frankfurt, die von Rechtswegen alle hätten ausgewiesen werden müssen! Auch meinten die Frankfurter, es zieme ihnen nicht, bei Lebzeiten des Kaisers jemand anders als diesem einen Eid zu leisten. Sie verwandten sich beim Kaiser, und dieser bat die Kurfürsten, diesmal von dem Eid abzusehen. Der hohe Herr nahm's nicht so genau mit den Bestimmungen seines Vorgängers, Karls IV.

---

1) Kluckhohn I, 363. Dass Maximilian sich in Frankfurt gelegentlich protestantischen Anstrich zu geben wusste, ersehen wir aus dem oben citierten Bericht des Landgrafen Wilhelm. Vgl. Beilage Nachschrift.
2) 24. November. Hoffmann 2, 336 ff.
3) Hoffmann 2, 349 ff.

Die Kurfürsten aber bestanden ärgerlich auf ihrem Recht und verlangten den Eid, der Rat entschuldigte sich und schwor. Die Fremden blieben ruhig in Frankfurt, und an demselben Tag liess man eine türkische Gesandtschaft zum Thore herein[1]).

Am 24. November fand in der Bartholomäuskirche die feierliche Wahl statt, sie fiel auf Maximilian. Die Einzelheiten des Wahlakts zu wiederholen, ist unnötig. Am Sankt Andreastag, dem 30. November, wurde Maximilian in derselben Kirche mit grossem Pomp zum König gekrönt[2]). Nach seiner Wahl am 24. November leistete Maximilian den Eid auf die Wahlkapitulation, mit deren Beratung die Kurfürsten sich bereits seit Mitte November beschäftigt hatten. Hierüber noch einige Worte.

Schon 1558 hatten die protestantischen Kurfürsten die Änderung des Satzes in der Kapitulation verlangt, wonach der Kaiser sich verpflichtete, „die Geistlichkeit und den Stuhl zu Rom, auch die päpstliche Heiligkeit und die christliche Kirche als derselben Advocat in gutem Befehl, Schutz und Schirm zu haben." Damals blieb es wegen Ferdinands Weigerung bei der alten Form[3]). Auch diesmal kam es darüber zu erregten Debatten. Drei Tage lang dauerte der Streit, ohne dass eine Einigung erzielt wurde[4]). Am 21. November erschien Maximilian im Kurfürstenrat und versuchte eine Vergleichung. Man kam schliesslich überein, bei der alten Fassung zu bleiben, doch sollte der Protest der weltlichen Kurfürsten, dass sie nicht darein

---

1) Hoffmann 2, 371 ff. „Auf K. M. besonderen und ausdrücklichen Befehl". Briefe des kaiserlichen Gesandten am türkischen Hof Augerius Gisslenius Busbeck (gedruckt 1596 Frankf.) im 4. Brief (Frankf. 1562) p. 446.

2) Ausführliche Berichte bei Hoffmann. Ferner Bericht Cobenzls an den Bischof von Fünfkirchen, 26. November 1562. Le Plat. Monum. 3, 567 f. Er verspricht sich viel von den Erfolgen der Regierung Maximilians, denn er sei in Anwesenheit und unter Zustimmung aller Kurfürsten erwählt worden, was keinem Kaiser noch König seit 300 Jahren geschehen sei. — Während der feierlichen Messe bei Wahl und Krönung entfernten sich die protestantischen Kurfürsten. Hoffmann 393, 435. Vgl. auch Goldast, Reichshändel, p. 66 ff. und Reichssatzungen 1, 263—71. Pfister, Christoph 1, 429.

3) Reimann, Forsch. 5, 298.

4) Hoffmann 2, 387 ff. Schon in der Heidelbergischen Konsultation (Kluckhohn 1, 355) hiess es: Was in der vorigen Kapitulation gottlos ist und zu Bestätigung des Pabsttums dienet, heraussen zu lassen und nit zuverstatten. Vgl. auch Friedrich in seinem Testament. Abh. d. bayer. Ak. XII, Abt. III, p. 99.

willigten, noch Maximilian dazu verbunden haben wollten, in die Kapitulation aufgenommen werden. Die Kapitulation selbst enthält 37 Artikel. Die älteren Abdrucke von Goldast und Limnaeus sind unvollständig, erst Thulemarius hat aus dem kurpfälzischen Archiv die vollständige Fassung bekannt gegeben[1]). Die Kapitulation enthält nichts bemerkenswert Neues. Maximilian macht darin keine religiösen Zugeständnisse, wie man gehofft, oder gefürchtet hatte.

Mit grosser Genugthuung schreibt Kaiser Ferdinand am 25. November an Luna, der seit Mitte Oktober in Trient war: die Wahl sei ohne jedes Zugeständnis, durch einstimmigen Beschluss der Kurfürsten erfolgt, Maximilian habe nichts gegen die katholische Religion versprochen, was die weltlichen Kurfürsten erstrebt hätten[2]). Ähnliche Befriedigung spricht sich aus in einem offiziösen Wahlbericht in Granvellas Papieren. Auch König Philipp II. äussert sich sehr zufrieden über die Wahl[3]).

Man hatte gehofft, die Protestanten doch noch in Frankfurt zum Besuch des Konzils bewegen zu können, Philipps Gesandter, der Herzog von Arschott, sollte namentlich in diesem Sinne wirken[4]). Natürlich ohne Erfolg. Die Protestanten überreichten dem Kaiser ein ausführliches Memorial, worin sie unter Berufung auf den Naumburger Konvent die Gründe auseinandersetzten, die sie am Besuch des Konzils verhinderten. Drei ketzerische Kurfürsten hatten bei der Wahl mitgewirkt, ausserdem der Erzbischof von Köln, der noch gar nicht vom Papst bestätigt war[5]). Ein Paul IV. hätte die Wahl beanstandet,

---

1) Goldast, Reichssatzungen 2, 285 ff. Limnaeus 483 ff. Thulemarius de bulla aurea etc. 1682 Nr. VII. 9—13, danach Lünig Reichsarchiv 3, 94 ff. und Du Mont Corps dipl. 5, 1, 96 ff. Vgl. Häberlin 5, 65. — Über die Befürchtungen, die man kaiserlicherseits inbetreff der Kapitulation und namentlich der den Protestanten anstössigen Artikel hegte, vgl. Seld an Erzherzog Ferdinand. Frankfurt, 29. September 1562. Hirn, Ferdinand II, 90 Note 3 und Heinc pag. 28.

2) Doc. ined. 98, 379.

3) Pap. d'Etat 6, 624 ff. Doc. ined. 98, 385. Auch Granvella äussert sich sehr befriedigt über den Verlauf der Wahl. Gachard, Korresp. de Phil. 1, 230. Von einem Aufschub hatte er Schlimmes befürchtet, a. a. O. 226.

4) Doc. ined. 98, 366. Arschott hatte vor allem auch in Philipps Auftrag die Wahl Maximilians zu befördern. Corresp. de Phil. 1, 226. Corresp. de Marg. 2, 351. 406.

5) Nach der goldenen Bulle ist ein ketzerischer Kurfürst eigentlich ein Unding. Der Papst sagte auch, Maximilians Wahl sei null und nichtig. Heine, Allgem. Zeitschr. f. G. 8, 35.

schon deshalb, weil Ferdinand noch nicht zum Kaiser gekrönt sei. Im September 1560 schreibt Cusano, Maximilians römischer Korrespondent, an seinen Herrn, der Papst werde seine Wahl nicht zugeben, da er alle Pläne des Papstes vernichten könne. Pius IV. wünsche, Philipp von Spanien sollte Kaiser werden [1]). Auch noch nach Maximilians Abkehr vom Protestantismus hielt Ferdinand einen Einspruch des Papstes nicht für unmöglich. Doch beruhigte der Papst den Kaiser im November 1562, er habe gegen ihn und Maximilian dieselbe wohlwollende Gesinnung wie früher [2]).

Als ihm Maximilians Kammerherr Manrique die Wahl anzeigte, beklagte er sich darüber, dass man ihm so spät Mitteilung davon gemacht habe; über die Mängel der Wahl versprach er hinwegzusehen, er war erfreut über die Erklärung Maximilians, dass er niemals in den Pflichten eines guten und katholischen Königs wanken werde [3]).

Die offizielle Bestätigung des Papstes fehlte noch. Philipp II. sandte Martin Guzman nach Deutschland, um ihre Einholung zu bewirken [4]). Die Verhandlungen über den Obedienzeid Maximilians zogen sich über das ganze Jahr 1563 hin, sie sind interessant wegen des Zurückgreifens auf mittelalterliche Zeit [5]). Am 7. Februar erklärte Graf Georg von Helfenstein vor Papst und Kardinälen im Auftrag Maximilians und in dessen Namen, er sei gekommen: ut praeterea observantiam, reverentiam et obsequium, debitam insuper protectionem ac in fide catholica ad divorum Suae Majestatis antecessorum romanorum regum exemplum laudabiliter conservanda et manutenenda omne christiani principis officium Majestatis Suae nomine pollicear et deferrem [6]). Den Eid des Gehorsams, wie ihn die Kurie verlangte, die oboedientia, die Scipio d'Arco, der Gesandte Ferdinands in dessen Eid auf Drängen der Kurie gegen seine Instruktion einfügte, schwor Helfenstein nicht. Er weigerte sich auch, die Bestätigungsbulle zu

---

1) Sickel 93, vgl. H. Z. 15, 37. Vargas bei Döllinger 1, 339.
2) Heine a. a. O. 28. Sickel 402. 403.
3) Döllinger 1, 547, vgl. Forsch. 8, 7.
4) Seine Instruktion. Doc. ined. 98, 363.
5) Es sei verwiesen auf die ausführlichen Abhandlungen von Reimann Forsch. 8 und Schmid Hist. Jahrb. 6, wo man genaueres über diese Verhandlungen findet.
6) Schmid 182.

überbringen, da den früheren Kaisern niemals eine solche Bulle wäre
übergeben worden. Ferdinand erklärte, es bedürfe einer solchen nicht;
Pius IV. gab nach[1]).

Ranke hat darauf hingewiesen, welche weittragende staatsrechtliche Folgen der Entschluss Maximilians I. in sich schloss, den
Kaisertitel ohne päpstliche Krönung anzunehmen. Ferdinand that
dasselbe, er fusste auf dem Satz, den Seld 1558 aufgestellt hatte: der
Gewählte ist Kaiser auch ohne die Krönung durch den Papst. Maximilian schritt weiter auf dieser Bahn. So endete seine Wahl mit
einem Akte der Loslösung der kaiserlichen Macht von der Gewalt des
Papsttums und zugleich mit einer weiteren Stärkung des Hauses
Österreich und seiner Befestigung im Kaisertum. Alle die politischen
und religiösen Bedenken und Beschwerden, die vor der Wahl zu Tage
getreten waren, verliefen im Sande, alle die Versprechen und Zusagen,
die man erhofft hatte, blieben aus. Es fehlte eben — um mit dem
bereits früher citierten Ausspruch eines pfälzischen Rates zu schliessen
— an der Hauptsache, das Reich war nicht so beschaffen, wie es
sein sollte.

Es ist klar, die Wahl von 1562 bedeutete eine Niederlage für
den Protestantismus. Seine Führer hatten sich nicht zu gemeinschaftlichem Auftreten gegen die katholisch-habsburgische Monarchie einigen
können. Der einzige, dem die nationale Idee und sein Glauben mehr
galt als partikulare Interessen, Friedrich der Fromme, sah sich
verlassen und zum Nachgeben gezwungen. Nun war ein Herrscher
gewählt, der die Hoffnungen der Protestanten gründlich täuschte, die
Katholiken zwar auch nicht zufriedenstellte, aber durch sein verhängnisvolles Schwanken der katholischen Propaganda Thür und Thor
öffnete, nach dessen Tod es klar wurde, wie viel die katholische Reaktion unter seinem Regiment gewonnen hatte.

---

1) Schmid 183. Man vergleiche damit, was Karl V. noch 1551, auf dem
Höhepunkt seiner Kaisermacht, geschrieben. Lanz, Staatspapiere 454: au pape
appartient l'auctorité de regarder sur la validité de la dite election et la confirmer et decreter bonne et vaillable, ou de la casser et annuller, s'il la treuve
non conforme aux dits institutions et loyx anciennes.

Beilage.

Schreiben des jungen Landgrafen Wilhelm an seinen Vater Philipp, Maximilians Wahl betreffend.

1562. 28. Oktober. Frankfurt.

Meinen kindlichen Gehorsam und waß ich mehr liebs und gutß vermag allzeit zuvor. Hochgebornner Furst, freundlicher und gnediger hertzlieber Herr Vatter, waß E. G. mir und dem Cantzler bevolhen, daß wir dem Churfursten Pfaltzgraven vermoge E. G. gestelten Memorial Zettels der Freystellung, Wahl und Vicariats halben, vertreulich anzeigen solten, solchß hab ich neben vermeltem E. G. Cantzler gehorsamblichen verrichtet.

Darauff der Pfaltzgrave dieße Antwortt gegeben. Erstlich thete er sich gegen E. G. deß freundlichen Zuentbietens gantz freundlichen bedanckhen, verstünde auch die beschehene anzeige von E. G. anderst nicht alß freundlich und daß eß E. G. treulich und gut meineten.

Und nachdem er anhero von dem Ertzbischoffen zu Maintz beschrieben wehre, so wolt er vernehmen waß würde vorlauffen und proponiert werden. Und sich in dem seiner Pflicht gemaß verhalten, und daß jenige thun, was Jhnen sein Verstandt und Gewissen lehret.

Und dieweill eß ein hochwichtige sache sey, Einen Keyser zuwehlen, im Betrachtung, daß derselbige nicht Einer Nation allein, sondern ein haubt der gantzen Christenheit sey, so wölle Er Gott den Almechtigen umb die gnad seines heiligen Geistes bitten, die dann ihnen so woll alß den andern seinen mit Churfursten hirinnen vonn nötten thue. Under dieser rede ist der Ertzbischoff zu Maintz zum Pfaltzgraven kommen, daß eß darbey plieben.

Alß aber derselbig abgezogen, binn ich widder zum Pfaltzgraven allein gangen und ihme nochmalß allerley zu gemuet gefueret, darauff Er gesaget, Er gedechte sich von den andern Churfursten nicht zu sondern, oder waß er nicht erheben könnte, sich dessen allein zu unterstehen.

Sondern, wolle seine Pflicht und Gewissen bedenkhen. Hett sich also in specie nichts erkleret, waß er in dieser wahl sachen thuen oder nicht thuen wolte, sondern mich immerzu von diesem Argument uff ein anders zufueren understanden, und alß ich nicht nachgelassen, hat er entlichen gesagt, obs dann eben jetziger Zeit so hoch vonnötten thue, daß mann Maximilianum erwehlen muesse, er köns noch hiernechst, wann sich der Fahll mit der Key: Mtt. absterben zutrüege, wol werden.

Ich vermerckhe auch, daß der Pfaltzgrave den Maximilianum in der Religion so gerecht und uffrichtig nicht heldt, dann wie er sagt, so sollen die Päpstische Gesandten sich allerley auff Maximilianum berueffen, und mit Jhnen wol zufrieden sein.

Die Freystellung belangende, zeigt mir der Pfaltzgrave an, daß die Key: Mtt: sich hiebevor vernehmen lassen, Jre Mtt. hette sich inn irer wahl vor nichts so sehre, alß vor diesem Artikull geforcht, hetten sich auch besorgt, daß, da er angeregt, und wann darauf bestanden wehr, etwaß darinnen hett muessen nachgegeben werden. Eß hette auch Er der Pfaltzgrave mit dem Ertzbischove zu Maintz der Freystellung halber geredt und befunden, daß er nicht so gar ubell darzu lautet, dieweill dann solchs ein sache were, die Gottes Ehre betreffe, warumb man dieselbige wolte darhinden lassen. Eß haben sich aber S. L. gegen mich lassen vernehmen, wann Er der Pfaltzgrave Churfurst solle bey seinem Gewissen sagen und ein Romischen Khunig (: wo vonn nötten :) soll wehlen, daß er keinen menschen uff der weldt anderst sein Stimm geben könte, der dem Reiche auch nutzlicher und vortreglicher wehre, als Maximilianus.

Ob mann aber jetzo einen Romischen Khunig wehlen solte und mit waß Condicionibus, darvon müße er sich noch mit seinen mit Churfursten vergleichen.

Und inn Summa, soviell ich vernimm von Sachsen und Pfaltz, so wirdt erstlich ein grosse disputation vorfallen, ob mann ein Romischen Khunig nach jetziger gelegenheit und bey leben deß Keysers wehlen soll oder nicht, und darnach mit waß condicionibus mann inen verknüppen soll.

Wo aber geschlossen wirdt, daß man jetziger Zeit Ein romischen Khunig wehlen soll, so befinde ich soviell, daß Maximilianus die Cron wirdt hinwegk tragen.

Welchß alleß E. G. ich uff derselbigen bevelch, kindlichem Gehorsam nach, nicht hab sollen verhalten, und thue mich derselbigen gehorsamlichen bevelchen. Dat. Franckfurtt am 28. Ottobr. Anno dnj. 1562.
Wilhelm von Gottes gnaden landgrave zu Hessen grave zu Catzenelnbogen ꝛc.

[das folgende von Wilhelms Hand]

Wilhelm L. z. Hessen.

es ist maximilianus gar wol auff fein follig unter dem angesicht und helt sich gantz freüdlich und gesellig gegen menniglich. Sonst loben ihn seine Diener noch sher der bestendikait halben in religions sachen. ich hab aber noch nichts mit S. K. W. davon gered.

Original. Marburger Archiv.

Zusätze.

Zu p. 14. Über das Verhältnis des Kurfürsten Moritz zu Ferdinand und Maximilian wäre noch zu vergleichen:

von Schönherr, Der Einfall des Kurfürsten Moritz von Sachsen in Tirol 1552. (Archiv für Geschichte und Altertumskunde Tirols IV (1867) p. 193—336).

Witter, Die Beziehungen und der Verkehr des Kurfürsten Moritz von Sachsen mit dem römischen König Ferdinand seit dem Abschluss der Wittenberger Kapitulation bis zum Passauer Vertrag. Jenenser Diss. 1886. —

Aus dem für die Geschichte der Wiederberufung des Trienter Konzils wichtigen Briefwechsel des Kardinals Otto von Augsburg mit dem Herzog Albrecht von Baiern (veröffentlicht von Baader in Steichele's Archiv f. d. Gesch. des Bist. Augsb. II. (1859) 123—238, die hier abgedruckten Briefe umfassen leider nur das Jahr 1560) ist noch folgendes nachzutragen: Am 27. Juli 1560 (p. 192) schreibt der Kardinal: Albrecht habe beim Papst und allen Kardinälen „ain gar hohen prayss, lob und eer erlangt, darumb das man warhafftiglich vernommen, wie stattlich, ernstlich, catholisch und treulich E. L. mitt der königl. Würde von Böhem gehandlet, und erbarmd mich warlich von grundt meines hertzens, das die kunigl. W. sich nitt anderst bedencken. Gott vom himmel wolle sein kunigl. Würde zu dem alten waren rechten Weg wieder bringen, in die alten catholischen fuesstapffen sein so hoch beriemten voreltern, welche grosse fürstenthuemb reych und kayserthuemb in aynigkaytt der Catholischen Rom. Kirchen bekommen und gehandhabt." Wie schlimm die Abkehr vom katholischen Glauben ende, sehe man am konstantopolitanischen Kaisertum.

Zu p. 17. Virail und Reiffenberg, die 1556 in französischem Auftrag die deutschen Fürstenhöfe bereisten, hatten auch die Frage der künftigen Kaiserwahl anzuregen, gegen eine Kandidatur Philipps zu sprechen und für die Wahl

Maximilians oder eines Fürsten aus einem anderen deutschen Hause Propaganda zu machen. Landgraf Philipp, der darüber an August berichtet, meint, es könnten nur inbetracht kommen: die Herzöge von Sachsen, Baiern oder Jülich. August nennt es einen Scherz, wenn er zu den Kandidaten gezählt werde. Vgl. Trefftz, Kursachsen und Frankreich 1552—57. Diss. Leipz. 1891. p. 138 f. 146. Heidenhain, Zeitschr. f. hess. Gesch. N. F. 14, 100 und Anm. 7. — Dass Maximilian noch 1560 ein enges freundschaftliches Verhältniss zur französischen Politik erstrebte, zeigt der Schluss eines Briefs Franz' II. an den Gesandten Rochetel. 3. Sept. 1560. L. Paris, Négociations, lettres etc. p. 505.

Zu p. 23. Nachträglich sei noch das Urteil eines Engländers über Maximilian angeführt, Roger Asham, der 1550—53 Deutschland als Gesandschaftssekretär bereiste. Seine Bewunderung ist etwas übertrieben. Als Beweis für die Beliebtheit, der sich Maximilian erfreut, führt er die Äusserung eines Magyaren an: „wo König Ferdinand zu seinen Türkenkriegen nur mit Mühe einen Mann auftreibe, würden sich, sobald Maximilian an die Spitze trete, freiwillig drei stellen." Er nennt Maximilian einen Fürsten ohne Gleichen, schildert ihn als stattlich, grossherzig, edel, gebildet, weise, tugendhaft, tapfer, energisch, thätig, geliebt von allen ausser seinen Neidern, fröhlich aber nie ausgelassen, würdevoll, doch nicht stolz, gütig gegen jedermann, allgemein geachtet. Katterfeld, Roger Asham p. 150.

Zu p. 33f. Wie Margaretha von Parma am 15. Februar 1562 an Philipp II. berichtet, erzählte ihr Lazarus Schwendi in Brüssel: que ledict duc Auguste tiègne fin d'aspirer à l'Empire après les heureux jours de Sa Majesté Imperiale, et qu'il prétend faire l'alternative entre luy et le roy de Dennemarck, afin que une fois le soit ung de la maison de Saxen et l'aultre fois ung de celle de Dennemarck, que quelque bonne parolle qu'il aye ci-devant donné à Sa Majesté Impériale, tel est son désir . . . . Ferner: que le dict de Saxen et duc Palatin procureront qu'il ne se face nulle election du vivant de Sa Majesté Imperiale, quand ce ne seroit que pour joyr de l'auctorité que lesdicts palatin et Saxen ont durant le temps du siège imperial vacant; que cy-devant le roy de Bohème ayt au grande confiance dudict duc de Saxen, mais maintenant il s'apperçoyt qu'il laye abusé de parolles et que la confidence entre eulx cesse si avant que à trois ou quatre, lettres dudict roy de Bohème à paine a daigné respondre le dict de Saxen, et que le roy de Bohème mesme l'aye dit audict de Schwendi, ayant fait icelluy Schwendi les offices qu'il convient en l'endroit dugict roy, pour l'hoster de tout fourcompte, et luy dit declairé le fondement que ont fait les princes protestans sur l'espoir de la diffidence qu'ilz ont procuré engendrer entre Sa Majesté Imperiale et l'edict Seigneur roy. (Gachard, Corresp. de Marg. 2, 90 und 91.)

Zu p. 37 und 43. Auch von Michiel 1561 finde ich den Pfalzgrafen, ausserdem die Herzöge von Sachsen und Württemberg, den Landgrafen von Hessen, den Markgrafen von Baden als Pensionäre Frankreichs bezeichnet. Tommaseo, Relations des ambassadeurs vénitiens sur les affaires de France 1, 444.

Lebenslauf.

Den 3. September 1870 wurde ich, Friedrich Wilhelm Walter, als ältester Sohn des Kaufmanns Friedrich Adolf Walter in Mannheim geboren. Ich gehöre der protestantischen Konfession an. Seit Herbst 1876 besuchte ich die Vorschule und seit Herbst 1879 das Gymnasium meiner Vaterstadt, das mich im Sommer 1888 mit dem Zeugnis der Reife entliess. Im Oktober desselben Jahres bezog ich die Universität Heidelberg, um mich dem Studium der klassischen Philologie zu widmen, fühlte mich jedoch bald mehr von historischen, germanistischen und philosophischen Studien angezogen und wandte mich ihnen vorzugsweise zu. Im Sommer 1890 und Winter 1890/91 studierte ich in Bonn und war zwei Semester lang ordentliches Mitglied des dortigen historischen Seminars bei den Herren Professoren Dove, Menzel, Nissen und Ritter. Im Sommersemester 1891 kehrte ich zur Vollendung meiner Studien nach Heidelberg zurück und nahm hier an den Übungen des historischen Seminars bei den Herren Professoren Erdmannsdörffer und Winkelmann und an denen des germanistischen Seminars bei den Herren Professoren Braune und von Waldberg teil.

Vorlesungen hörte ich bei den Herren: Buchholz, Bücheler, Birlinger, Braune, von Domaszewski, von Duhn, Erdmannsdörffer, Fischer, Franck, Gothein, Justi, Klein, Menzel, Nissen, von Oechelhäuser, Rein, Ritter, Rohde, Usener, Wilmanns, Winkelmann, Wunderlich.

Dinge — jene mochten wohl nicht gern bei den drohenden Verwicklungen Deutschland verlassen, — nach Florenz zurückgekehrt sei, die Hypothese, dass der florentinische Gesandte irgendwie durch den Herzog Leopold von Oesterreich, der auf jenem Tage anwesend war, die Hand bei der Aufnahme des Artikels über das Mailänder Bündnis gehabt haben wird[1]). Es war also keine florentinische Gesandtschaft in Frankfurt, wenn man nicht etwa annehmen will, dass neben Sacchetti noch ein anderer in Deutschland gegen Mailand zu wirken beauftragt gewesen sei.

Immerhin wird der Aufenthalt Sacchettis in Oesterreich ihm insofern nützlich gewesen sein, als er so erkennen konnte, auf welche Weise der Zwiespalt im Reiche und die Feindschaft gegen Wenzel, den Gönner Galeazzos, von Florenz benutzt werden müsse. Seine daraufgehenden Ratschläge werden die Florentiner nicht unberücksichtigt gelassen haben, ohne dass wir sagen können, ob sie ihm durch Schreiben an die rheinischen Kurfürsten oder durch Gesandte nachgekommen sind.

Denn wir sehen bei den Ereignissen in Deutschland die italienischen Angelegenheiten immer mehr in den Vordergrund treten. Im Herbste 1397 hatte sich endlich König Wenzel aus Böhmen nach Deutschland aufgemacht, und einen Reichstag nach Frankfurt berufen: am 23. Dezember erschienen vor ihm die rheinischen Kurfürsten, und überreichten ihm ihre Beschwerden[2]). Und es ist hierbei merkwürdig zu sehen, wie sie sich bemühten, deren Zahl zu vermehren. Daneben ist es von hohem Interesse festzustellen, auf wen etwa die einzelnen Punkte zurückzuführen sein mögen. Art. 1, zeigt schon wegen der Bezeichnung Benedicts XIII. als des Widerpapstes den aus-

---

[1]) Auch nach dieser Gesandtschaft scheinen zwischen den Herzogen von Oesterreich und Florenz engere Beziehungen fortgedauert zu haben. Denn als schon in Italien die Nachricht von der Wahl Ruprechts eingetroffen war, handelte es sich im florentinischen Rate darum, ob man nicht bei dieser Gelegenheit eine offizielle Gesandtschaft nach Oesterreich schicken sollte. Der Antrag scheint zwar abgelehnt zu sein, aber immerhin zeigt er, welche Hoffnungen die Florentiner auf die Herzöge setzten. Siehe Beilage. [2]) RTA III. nr. 9,

schliessich römischen Standpunkt der Opposition. Deutlicher wird uns dies durch art. 2, dass Bonifaz IX. in einer „bullen" an die Fürsten des Reichs geschrieben habe, dass Karl VI. Genua in Besitz genommen, das doch „des riches statt" sei, und dass sich Florenz mit diesem Reichsfeinde verbunden habe: beides solle Wenzel abstellen. Vielleicht mag in diesem Schreiben auch eine Aufforderung zum Romzuge¹) gestanden haben, wie sie der Papst schon öfters an Wenzel richtete; aber warum die Fürsten nicht auch diese Beschwerde verwendeten, ist unklar. Der ganze Artikel ist also ganz sichtlich gegen Frankreich und auch gegen Florenz zu Gunsten „ander des riches stett", womit dann wohl kaum eine andere Stadt als Mailand gemeint sein kann, gerichtet.

Wie gering das politische Verständnis der Kurfürsten für die Zustände in Italien zur Zeit noch war, zeigt der nun folgende Artikel (2ª). Noch eben hatten sie Wenzel aufgefordert, gegen Florenz Massnahmen zu ergreifen; nun soll er die Erhebung Mailands zum Herzogtum rückgängig machen, d. h. unter anderem auch für Florenz Partei ergreifen. Von sich aus haben die Kurfürsten dies nicht hinzugefügt, denn die Thatsache der Erhebung war doch schon auf dem Maitage ihnen bekannt, wo sie nur die Aufhebung des Bündnisses mit Mailand verlangten, was sie ja auch jetzt wiederholten. Es muss also irgend ein Feind Mailands hier eingewirkt haben, nach Lindner wäre dies „unbedenklich" Florenz.

Diese Einwirkung konnte schriftlich geschehen sein; aber es scheint dieses nicht sehr wahrscheinlich zu sein, da man in dieser Zeit auf keinen Fall in die Endabsichten der Kurfürsten eingeweiht war; an wen hätten dann die Florentiner ihr Schreiben richten, und mit welchen Anträgen bei einer noch ganz unsicheren Angelegenheit hervortreten sollen? Dagegen konnten ja, wenn auch wohl ohne offiziell aufzutreten, florentinische Agenten in Frankfurt anwesend gewesen sein, und mit den Kurfürsten verhandelt haben²). Aber wie sollten diese

---

¹) Lindner l. c. p. 504. ²) Gino Capponi, Storia della republica di Firenze I., p. 406 verweist auf Giovanni Morelli für die Geschichte der „private diplomazia che faccano i mercanti fiorentini residenti in Alemagna" etc.

nicht den gegen sie und ihren Verbündeten, Frankreich, gerichteten Artikel 2 erkannt und zu verhindern gesucht haben? Zu dieser Frage gibt uns Artikel 4 einigen Aufschluss: „item unsers herren des königes fründe hatten Berne inne in Lamparten, do der von Meylant kriegt mit den von Bern; und gaben das dem von Meylant inne und namen gelt darumb, von der wegen Berne dem rich engangen ist": also auch Verona soll Wenzel wieder dem Reiche zubringen[1]). Wie wir zu Anfang der Abhandlung gesehen, hatte es Giovanni Galeazzo verstanden in gemeinsamen Kampfe mit Francesco von Padua gegen die della Scala in Verona, nicht nur Verona zu erwerben, sondern auch seinen Bundesgenossen um Vicenza zu bringen, eine Kränkung, die dieser wohl nicht leicht vergessen konnte.

Jetzt wird dieser Vorgang nach langen Jahren hervorgeholt, um einerseits gegen Wenzel verwendet zu werden, andrerseits aber auch den König aufzufordern, seinem engverbundenen Giovanni Galeazzo das unrechtmässig erworbene Reichsgut zu nehmen. Der Reichsvikar von Padua war entschieden der durch jenen Akt am meisten geschädigte; daher möchte ich eher die Aufnahme der Italien betreffenden Punkte dem von Padua zuschreiben[2]), als den Florentinern; ihm lag die genuesische Angelegenheit ferner; bedeutend aber wurde seine Stellung geschädigt durch die Erhebung Mailands zu einem Herzogtume, wodurch wieder die Lage der Republik Florenz politisch in nichts eine schlechtere wurde.

Besser sind wir über die Urheberschaft des Artikels 5 unterrichtet. Goro Dati erzählt[3]), dass die Florentiner a tutti i nobili baroni della Magna ein Schreiben geschickt hätten, in dem Wenzel beschuldigt wurde, dem Herzog von Mailand zum Schaden des Reiches Blanquets, sog. Membranen überlassen zu haben[4]). Ohne

---

[1]) Ueber die Beteiligung der Gesandten des Königs bei der Uebergabe von Verona s. Andrea Gataro, Murat. SS. rer. Ital. XVII., 616, D. ff. Lindner, l. c, Beilage XIII. [2]) Cronica del Morelli. Anh. zu Malaspini Istoria fiorentina p. 309 hebt ausdrücklich die Mitwirkung des Reichsvikars von Padua hervor, „perché tenea amicizia nella Magna". [3])— l. c. p. 57. [4]) Corio, l. c. p, 275 gibt das Privileg Wenzels an Galeazzo, in dem uns eine grosse Anzahl von Städten etc. aufgezählt wird, mit denen

auf die Frage, ob der Anklage Thatsachen zugrunde lagen oder nicht, einzugehen, muss das hervorgehoben werden, dass gerade dieser Punkt, dass die Florentiner allen Fürsten des Reichs diese Mitteilung machten, zu beweisen scheint, dass diese zwar von der Wenzel feindlichen Strömung im Allgemeinen Kenntnis hatten, aber betreffs der Gruppirung der Parteien noch nicht unterrichtet waren.

Das Resultat dieser Auseinandersetzung ist nun in Kürze folgendes: unverkennbar ist die Einwirkung des Papstes, weniger aus politischen, als aus kirchlichen Rücksichten; sodann erscheint als höchst wahrscheinlich die Agitation des Reichsvikars von Padua, während von den Umtrieben der Florentiner bis jetzt noch wenig zu verspüren ist.

Es ist begreiflich, dass die Ueberreichung der Beschwerdepunkte von seiten der Kurfürsten an König Wenzel allenthalben das grösste Aufsehen erregte. Auch Florenz wird jetzt erkannt haben, wo es mit seinen Bemühungen einzusetzen habe, um in Wenzel seinen eigenen Feind Galeazzo zu bekämpfen. Jene Vorgänge in Frankfurt wurden sicher in Italien bekannt, und verfehlten nicht, die grösste Aufmerksamkeit auf den Zustand in Deutschland zu erregen. Von jetzt an müssen wir die Anwesenheit florentinischer Gesandten in Deutschland annehmen, von denen fast alle zeitgenössischen italienischen Quellen sprechen[1]), ohne dass es uns jedoch möglich wäre, ihre sicher geheime Arbeit im Einzelnen zu verfolgen. Geld spielte hierbei wohl keine geringe Rolle, während es Florenz auch nicht versäumte, als der Plan einer Absetzung Wenzels immer mehr hervortrat, diese unzweifelhaft widerrechtlichen Bemühungen durch Gutachten zahlreicher Rechtsgelehrten zu unterstützen[2]).

---

der Herzog belehnt sei. Es mochte wohl ganz natürlich sein, den mit der Bevollmächtigung zur Belehnung ausgestatteten Gesandten des Königs ein Blanko mitzugeben, das dann an Ort und Stelle ausgefüllt wurde. Wie das zum Schaden des Reiches geschehen konnte, zeigt am besten, dass auch die Bischofs- und Reichsstadt Trient, als zu Mailand gehörig, genannt ist. Uebrigens kamen solche Blanquets im Mittelalter gar nicht selten vor.

[1]) Z. B. Gataro. l. c. coll. 839. B. C.   [2]) Goro Dati, l. c. „con bono consiglio di molti dottori delle leggi". Ein derartiges Gutachten geht

Den einzigen Anhaltspunkt für die Umtriebe der Florentiner in Deutschland müssen wir in den Vorgängen daselbst finden[1]), insofern dabei die Zustände Italiens eine Rolle spielen, insbesondere aber darauf unser Augenmerk richten, wie die Forderungen wegen Italiens eine wechselnde, aber stets konkretere Gestalt annehmen.

Wir sehen nicht, dass Wenzel gemäss den Beschwerden diese, wenigstens so weit sie Italien betrafen, irgendwie abzustellen versucht hätte. Andrerseits erhob die fürstliche Opposition, trotz der mancherlei Erfolge, welche Wenzel durch sein Erscheinen im Reiche erzielt hatte, wieder ihr Haupt. Im April 1399 kamen die vier rheinischen Kurfürsten in Boppard zusammen: die Unterdrückung des Raubritterwesens, die Zoll- und Münzfrage[2]) dienten wohl nur als Vorwand für die Zusammenkunft. Den Kernpunkt bildeten sicher die geheimen Besprechungen der Kurfürsten, deren Ergebnis unter doppeltem Siegelverschluss bewahrt wurde[3]). Es kann hier nicht darauf ankommen festzustellen, welche Fortschritte die Verschwörung gegen Wenzel durch diese Zusammenkunft gemacht; aber das ist von Wichtigkeit, dass sie sich verpflichten, keiner Schmälerung des Reiches, auch solcher, die vor dieser Zeit geschehen, ihre Zustimmung zu geben, „und sunderlingen die sachen van des van Meylayn umb daz land van Meylayn solen wir nyet bestedigen." Gerade dieser Abschnitt legt uns die Vermuthung nahe, dass diejenigen Staaten, welche am meisten durch die Erhebung Mailands zum Herzogtume geschädigt waren, Padua und Florenz, der Möglichkeit, dass die Kurfürsten späterhin auf Ansuchen Wenzels oder Galeazzos ihre Zustimmung zu diesem Akte geben möchten, entgegenzuarbeiten verstanden. Und wenn es in der Urkunde

---

unter dem Namen des berühmten Rechtslehrers Franciscus de Zabarellis, Mitt. d. österr. Inst. f. Gesch.-Forsch. IX. p. 631 ff. Jedoch möchte ich, auf Grund der Notiz bei Dati, nicht den Papst, wie in d. Mitt., sondern Florenz als Auftraggeber annehmen.

[1]) Es erscheint mir nicht unmöglich, dass man in dem Stadtarchiv von Florenz aus Rechnungsaufstellungen noch manches finden könnte, was uns die Agitation in Deutschland besser verfolgen liesse. [2]) RTA. III. nr. 42—45. [3]) RTA. III. nr. 41.

heisst, dass auch die anderen Erwerbungen Mailands „vur datum diss brives" (April 1399), d. h. insbesondere die Besitznahme von Pisa und Siena, nicht bestätigt werden sollen, so möchte ich diesen Abschnitt in höherem Grade der Einwirkung der florentinischen Gesandten, als derjenigen Paduas zuschreiben. Die rheinischen Kurfürsten hatten durch diesen Schritt eine Verpflichtung übernommen, die ihre italienische Politik in Zukunft band; ob sie hiefür von Florenz Geld empfingen, wie manche der Quellen berichten, lässt sich nicht beweisen, erscheint aber als höchst wahrscheinlich.

Die italienischen Angelegenheiten treten jetzt vor denen des Reichs in den Hintergrund. Die Absetzung Wenzels war jetzt schon eine fest beschlossene Sache; aber es galt vor allem, zu diesem aussergewöhnlichen Schritte den römischen Papst Bonifaz IX. zu gewinnen. Von Anfang an hatten die Kurfürsten stets für den römischen Papst Stellung genommen, während andererseits Wenzel einer Neutralitäts-Erklärung zwischen beiden Päpsten, wozu man in Frankreich geschritten war, nicht abgeneigt war. Sein kirchliches Interesse hätte Bonifaz ohne zu zögern die Partei der Opposition ergreifen lassen müssen; allein was dann, wenn deren Versuch misslingen sollte? Hätte er nicht dann die Obödienz Wenzels verlieren und sich die Gegnerschaft des schon nahe an den römischen Kirchenbesitz vorgedrungenen Galeazzos zuziehen müssen? Man mag über die Ehrlichkeit in der Politik denken, wie man will; in diesem Falle konnte der Papst nicht anders handeln, als den Gang der Ereignisse abwarten, um darnach seine Entscheidung zu treffen. Demgemäss fiel auch die Antwort des Papstes auf ein Schreiben der Kurfürsten[1], das ihn, unter Androhung einer Neutralität in Sachen des Schismas im Weigerungsfalle, für ihre Pläne gegen Wenzel zu gewinnen suchte, völlig nichtssagend aus[2]: er könne sich nicht so schnell in einer so schwierigen Frage entscheiden. Einen solchen Bescheid hatten die Kurfürsten wohl kaum erwartet: thatsächlich war es wohl eine Absage des Papstes bei ihrem Vorhaben. Der Eindruck dieses Briefes hatte

---

[1] RTA. III. nr. 114.   [2] RTA. III. nr. 115.

sicher auch, neben anderen Gründen, wie dass man sich über die Person des zu Wählenden nicht einigen könnte[1]), dazu mitgewirkt, dass man auf dem Tage zu Frankfurt im Mai und Juni nicht zu einem endgiltigen Beschlusse kam. Allein man hatte damit noch nicht die Absicht, die Sache ganz fallen zu lassen, — denn man hatte sich schon zu weit auf sie eingelassen —; sondern die Kurfürsten schrieben einen neuen Tag nach Oberlahnstein aus[2]), fest entschlossen, ihre Absicht dann, umbekümmert um die Haltung des Papstes, durchzuführen.

So kamen die Kurfürsten am 11. August 1400 zu Oberlahnstein zusammen. Für unsere Frage interessirt uns nur ein Punkt der sogenannten Wahlkapitulation Ruprechts III. von der Pfalz[3]); sollte Ruprecht „von gotz versehen" (!) zum König gewählt werden, so will er die Erhebung Galeazzos zu einem Herzoge und zum Grafen von Pavia widerrufen, „ane geverde" mit aller Macht die Lande in der Lombardei und den wälschen Landen nach dem Rathe der Mitkurfürsten wieder an das Reich bringen, und bei demselben halten, und die Kosten hierzu aus jenem Lande selbst nehmen".

Die Lage der Kurfürsten hatte sich in Bezug auf Italien durchaus nicht verändert gegen früher; und doch zeigen sich fortwährende Veränderungen in ihren Beschlüssen über Italien, die immer mehr auf eine feindlichere Stellungnahme gegen Mailand auslaufen; und da den Nutzen hiervon allein die antimailändische Liga, mit Florenz und Padua an der Spitze, davonträgt, so werden wir nicht fehlgehen, wenn wir jenen Artikel ihrer Einwirkung zu Folge entstehen lassen, ohne zu entscheiden, ob Florenz oder Padua das meiste dazu beigetragen. Ohne Zweifel war dies ein bedeutender Erfolg der italienischen Politik; konnte Ruprecht seine Wahl durchsetzen, so war ein Krieg dieses mit Mailand gewiss.

Selbstverständlich nahm diese Mailänder Frage auch in den Anklagepunkten gegen Wenzel[4]), welche vor der Erklärung seiner Absetzung verlesen wurden, einen wichtigen Platz ein,

---

[1]) RTA. III. nr. 231.   [2]) Einladungsschreiben s. RTA. III. nr. 146 ff.
[3]) RTA. III. nr. 200.   [4]) RTA. III. nr. 204.

wobei ein Vergleich der auf Italien bezüglichen Beschwerden vom Jahre 1397[1]) mit den jetzigen von besonderem Interesse ist. Es war uns damals aufgefallen, mit welch' geringem Verständnis die Kurfürsten den Zuständen Italiens gegenüber standen. Jetzt merkt man hiervon nichts mehr; vor allem ist die von Bonifaz IX. angeregte Forderung wegen Genuas, welche, wie wir gesehen, sowohl gegen Frankreich, wie gegen Florenz gerichtet war, jetzt fortgefallen. Es ist dies einmal der Einwirkung florentinischer Gesandten zu verdanken; dann aber mochte sich Ruprecht nicht gleich von Anfang an in Gegensatz zu Frankreich setzen.

Aber auch mit dem Artikel über Mailand geht eine merkwürdige Veränderung vor: man war wohl zur Erkenntnis gekommen, dass dem König Wenzel das Recht, Mailand zu einem Herzogtume zu machen, nicht abgesprochen werden könne, wenn es auch der Gewohnheit widersprach; aber das rechnete sie ihm als schweres Vergehen an, dass er für jene Belehnung, durch welche die Einkünfte des Reichs entschieden geschmälert wurden, Geld genommen, sich habe bestechen lassen.

Von Verona ist jetzt nicht mehr die Rede. Es ist möglich, dass die Kurfürsten die Haltlosigkeit dieser Anschuldigung einsahen; man kann aber auch annehmen, dass sie hiermit dem Reichsvikar von Padua entgegenkamen, dessen Absichten entschieden zum wenigsten auf einen Teil des Vikariats von Verona gingen; wie hätten sie sich verpflichten mögen, eben dieses Gebiet wieder dem Reiche zuzuführen, auf welches ein Verbündeter von ihnen Anspruch machte?

Hiezu kam dann noch die schon oben besprochene Angelegenheit wegen der Membranen.

Auf Grund dieser, und anderer das Reich betreffenden Anklagen sprach Kurfürst Johann von Mainz „in gerichtes stad" „in namen und wegen" der Mitkurfürsten die Absetzung Wenzels „als einen unnützen, versäumlichen, unachtbaren engleder und unwirdigen hanthaber" des Reiches aus. Wie schon diese

---

[1]) s. o. p. 7 ff. u. RTA. III. nr. 9.

Schlussformel bezeugt, war die auswärtige Politik nicht der geringste Grund zur Absetzung.

Das Gegenstück hierzu bildete natürlich die am nächsten Tag, dem 21. August 1400, stattfindende Wahl Ruprechts. Seine Verpflichtungen, die er vor derselben eingehen musste, haben wir schon oben besprochen. Erscheint es dann nicht geradezu, als Hohn, wenn die Wähler vor der Wahlhandlung schwören, dass sie ihre „stimme und kore ane alle globde, gelt, miede, oder wie man das genennen mocht, als mir got helfe und alle heiligen etc."[1] geben wollten, und wenn Ruprecht nach derselben an Bonifaz IX. schreibt „nescio quo dei iudicio sors eleccionis super me cecidit"[2], besonders wenn man bedenkt, dass Ruprecht ausdrücklich vor dem Akte seine Stimme seinen Mitkurfürsen übertragen hatte[3], weil er sich doch nicht selbst wählen mochte?

So hatte die Welt das merkwürdige Schauspiel, sowohl um die höchste geistliche, wie weltliche Macht zwei Bewerber streiten zu sehen. Für König Ruprecht, dessen persönliche treffliche Eigenschaften allseitig von seinen Zeitgenossen anerkannt wurden, kam es hauptsächlich darauf an, seine zum mindesten zweifelhaft rechtliche Erhebung durch glänzende Erfolge zu rechtfertigen. Und dazu sollte denn ein Zug nach Italien helfen, dessen Ausführung der Gegenstand meiner Abhandlung sein soll.

Hierbei ist es besonders angenehm, dass in Bezug auf die Vorbereitung des Zuges ein sehr reichliches Urkundenmaterial, und ein vorzüglicher Berichterstatter in der Person des florentinischen Gesandten Buonaccorso Pitti uns über alles wesentliche unterrichtet, so dass wir nur selten zu Hypothesen zu greifen haben.

---

[1] RTA. III. p. 267; 5, 6. [2] RTA. III. p. 282; 16. [3] RTA. III. p. 267; 45.

II. Vorbereitung des Zuges.

König Ruprecht war von Anfang seiner Regierung an durch das vor der Wahl abgegebene Versprechen zu einem Zuge nach Italien verpflichtet, weniger um nach Rom zu ziehen und sich die Kaiserkrone zu holen, obwohl dieses als der Endzweck des ganzen Unternehmens aufgefasst wurde, vielmehr um in Oberitalien die Uebermacht Mailands zu brechen. Dies stand natürlich für die italienischen Agenten, von deren Wirksamkeit in Deutschland in dem einleitenden Abschnitte die Rede war, im Vordergrund; ob Ruprecht Kaiser würde, oder nicht, mochte ihnen mehr oder minder gleichgiltig sein. Wie sehr dieses den Florentinern die Hauptsache war, zeigt am besten die Motivirung der ersten Gesandschaften an Ruprecht: 14. Dezember 1400, in Alemanniam aliquis mittatur pro sciendo processum rerum et saltem capitaneum mittant, und am 3. Januar: Item quod mittatur aliquis — ad investigandum de factis novi imperatoris etc.[1]). Ihre eigene Lage verlangte eine auswärtige Hilfe, und diese sollte ihnen ein Zug des deutschen Königs über die Alpen bringen.

Selbstverständlich konnte der Romzug nicht gleich nach der Wahl unternommen werden. Für Ruprecht kam es einstweilen darauf an, den Kreis derjenigen, welche ihn als den rechtmässigen König anerkannten, deren Zahl im übrigen am Anfange eine recht geringe war, zu erweitern, im Auslande Anerkennung und Bündnis zu gewinnen, und dann Wenzel durch Waffengewalt zur Aufgabe seiner Ansprüche auf die deutsche Königswürde zu bestimmen. Sehr wichtig musste es für Ruprecht

---

[1]) Consulte e pratiche. gedr. als Beilage.

sein, welche Stellung Bonifaz IX. zur Thronveränderung einnehmen würde, und dass man von ihm die Approbation erlange[1]). Auf alle diese Verhandlungen kann hier nicht eingegangen werden; ich muss mich eben beschränken, auf die zusammenfassende Darstellung bei Höfler „Ruprecht von der Pfalz". (Freib. 1861) zu verweisen, wozu man das entsprechende Aktenmaterial in den Reichstagsakten Band IV und V findet.

Dagegen müssen die Beziehungen Ruprechts zu den italienischen Staaten und Städten von vornherein näher ins Auge gefasst werden. Dieselben werden eröffnet durch Schreiben der Kurfürsten[2]), welche uns zwar verloren gegangen sind, aber wohl kaum mehr enthielten, als einen kurzen Bericht über die Absetzung Wenzels und die Wahl Ruprechts, und eine entsprechende Aufforderung zur Anerkennung. Von einem bevorstehenden Romzuge war in diesen Briefen wohl kaum gesprochen, wie man aus den Antworten der italienischen Städte ersehen kann. Diese sind uns deshalb von besonderer Wichtigkeit, als sie uns sofort die Parteistellung der Städte zur Thronumwälzung zeigen, die sich ganz nach dem Verhältnis zu Mailand richtet. Trotzdem eine Einwerkung florentinischer Unterhändler in Deutschland unverkennbar ist, möchte es nicht da auffallen, dass der Rat von Florenz eine auffallende Unsicherheit über die Stellung, die er gegen die Thronumwälzung einnehmen musste, noch am 10. Nov. zeigt[3])? Bestätigt dies nicht unsere schon oben ausgesprochene Vermutung, dass nicht offizielle Gesandten, sondern eigene Politik treibende Kaufleute von Florenz die gegen Wenzel gerichtete Politik im geheimen unterstützten? Der Nutzen aber, den Florenz aus der Neuwahl ziehen konnte, war zu augenscheinlich, als dass es längere Zeit unentschieden bleiben konnte. Unbedingt stellte es sich auf die Seite Ruprechts[4]) und mit ihm Lucca[5]), Cortona[6]), die Grafen von Montedoglio[7]) und Padua, das heisst also die antimailändische

---

[1]) Weizsaecker, in d. Abh. d. Berl. Akad. hist.-philol. Abt. 1888. RTA. IV. nr. 1—123, nebst den einleitenden Bemerkungen.   [2] RTA. IV. p. 227; ₂₅. 228; ₁₉. 229; ₁₀.   [3]) s. Beilage.   [4]) RTA. IV. nr. 196 (30. November).   [5]) RTA. IV. nr. 199.   [6]) RTA. IV. nr. 197.   [7]) RTA. IV. nr. 198.

Liga, die kurz zuvor, am 21. März 1400 durch Vermittlung Venedigs Frieden mit Mailand geschlossen hatte[1]). Markgraf Nicolaus von Ferrara, der, wie Venedig, an das er sich stets hielt, bei allen Kämpfen in Oberitalien eine möglichst neutrale Stellung einzunehmen sich bemühte, gab eine ausweichende Antwort[2]), während Franz von Gonzaga, Reichsvikar des so wichtigen Mantua, wie er auch bei dem letzten Kampf der Liga gegen Mailand auf der Seite des letzteren gestanden hatte, entschieden das Vorgehen der Kurfürsten verurteilte, und erklärte, unverbrüchlich an König Wenzel, als seinem rechtsmässigen Herrn, also auch an Galeazzo, festhalten zu wollen[3]). Dagegen war an Venedig nicht zu dieser Zeit geschrieben worden, da es nicht als zum Reiche gehörig betrachtet wurde. Denn dass dieses nicht geschehen, beweist eine Notiz in einem Briefe Ruprechts an diese Stadt vom 23. November[4]), in dem er den Bericht über die Ereignisse in Deutschland mit dem Ausdrucke beginnt, „prout ad vestram intelligenciam alias potuit esse deductum[5]), und dann um „amicitia" bittet. Dass er wohl kaum mehr erwarten konnte, werden ihm die italienischen Unterhändler klar gemacht haben; sie kannten aus langjähriger Erfahrung die Politik dieses Inselstaates, sich bei Streitigkeiten weder nach der einen, noch nach der anderen Seite zu verpflichten, um aus der Schwächung beider Parteien Nutzen zu ziehen.

Von ganz hervorragender Bedeutung war natürlich auch die Stellungnahme des römischen Papstes. Alsbald nach der Wahl traten die Kurfürsten[6]) und Ruprecht[7]) mit Bonifaz in Verkehr, wobei sie eine demnächst an ihn abgehende Gesandtschaft ankündigten. Bisher hatte Bonifaz, wie wir oben gesehen, auf den Versuch, ihn für ihren Plan gegen Wenzel zu gewinnen, eine ausweichende Antwort gegeben. Jetzt mochte man hoffen, dass er aus seiner reservierten Stellung heraustreten würde, um Ruprecht, dessen Parteinahme für Bonifaz ja über allen Zweifel erhaben war, unter Hinnahme der geschehenen Thatsache, zu

---

[1]) RTA. IV. p. 306 nt. 4.   [2]) RTA. IV. nr. 194.   [3]) RTA. IV. nr. 193.   [4]) RTA. IV. nr. 185.   [5]) RTA. IV. p. 216; 14, 15.   [6]) RTA. IV. nr. 219.   [7]) RTA. IV. nr. 222.

approbieren. Um so unangenehmer war es für Ruprecht, dass Bonifaz an Wenzel am 24. August, als er doch kaum mehr über die Endabsichten der Opposition im Zweifel sein konnte, ein Schreiben gerichtet hatte, in welchem er diesem seine unerschütterliche Treue und Anhänglichkeit versicherte[1]), was dann Wenzel nicht versäumte in Deutschland bekannt werden zu lassen. Nur schlecht verstand Ruprecht seine Missstimmung über die Haltung des Papstes zu verbergen: nicht weniger wie viermal betonte er in dem nächsten Briefe[2]) die Rechtmässigkeit seiner Wahl, und sicher nicht ohne Absicht geschah es, dass Ruprecht die Absendung einer Gesandtschaft erst nach der Königskrönung ankündigte. Dass letzteres aber trotzdem vor der Krönung erfolgte, daran war allein die feindselige Haltung Aachens schuld, welche eine Hinausschiebung des Termines nötig machte. Allzu lange mochte man doch nicht die Eröffnung der Verhandlungen mit der Kurie verzögern. Vom 14. Dezember ist die Vollmacht für Konrad v. Verden, Joffrid v. Leiningen und Hermann Rode als Gesandte nach Rom ausgestellt[3]), und wohl auch bald darauf traten sie ihre Reise an.

Etwa um die Mitte des Dezembers 1400 schickte nun auch Bonifaz einen Gesandten nach Deutschland „de andare a exponere inbasciata da sua parte alluno imperadore e allaltro"[4]). Er mochte erkannt haben, dass er auf seinem einseitigen Standpunkt zu Gunsten Wenzels, wenn er nicht einen Teil seiner Obödienz verlieren wollte, nicht beharren dürfe, sondern unbedingt einlenken müsse, um sich auf die Seite zu stellen, die ihm das meiste bieten konnte. Leider wissen wir nichts Näheres über diese Gesandtschaft; für uns tritt sie ganz zurück hinter die spätere Montecatinos[5]), welcher die päpstliche Antwort auf die Forderungen Konrads von Verden bringen sollte, und zwar den Entwurf der Approbations-Urkunde, und, was noch das wichtigere war, die Aufforderung zu unversäumten Zuge über die Alpen. Gerade dies zeigt, dass auch noch andere

---

[1]) RTA. III. nr. 185.   [2]) RTA. III. nr. 223. — p. 282; $_{36}$. „rite", —; $_{37}$ „uti est iuris et approbate consuetudinis" p. 283; $_8$ und $_9$ „ut imoris est".   [3]) RTA. IV. nr. 1.   [4]) RTA. IV. p. 2; $_{7 \text{ff}}$.   [5]) Das päpstliche Gebiet datiert vom 25. März 1401. RTA. IV. nr. 4.

Gründe den Papst bestimmt haben, sich Ruprecht zu nähern; auch er war durch das Umsichgreifen Galeazzos in Toscana in seinem Besitzstande sehr gefährdet. Vergeblich hatte er Wenzel zu einem Zuge nach Italien zu bewegen gesucht, so dass auch für die Zukunft nicht zu erwarten war, dass sich das enge Verhältnis Wenzels zu Galeazzo ändern würde. Jetzt war Ruprecht, dessen Mailand feindliche Haltung der Kurie nicht verborgen sein mochte, gewählt; man konnte von ihm einen Versuch des Kampfes mit Mailand hoffen: darum lenkte Bonifaz ein. Daneben kann auch der Gedanke obgewaltet haben, sich durch eine Kaiserkrönung in Rom vor dem Gegenpapste in Avignon das unbedingte Vorrecht vor aller Welt zu verschaffen; von hoher Bedeutung war jedoch dieser Gesichtspunkt nicht; denn wie könnte man sonst die lange Zögerung des Papstes mit der Approbation verstehen?

Für ihn war eben der Zug Ruprechts nach Italien, insofern er einen Kampf mit Mailand zu Folge haben musste, die Hauptsache. Darum beauftragte er Montecatino, auf das Genaueste sich über den Termin des Aufbruchs, über die Truppenstärke und den einzuschlagenden Weg zu erkundigen. Dies gibt uns die Ueberzeugung, dass schon Konrad von Verden bei seinen Bemühungen, den Papst für Ruprecht zu gewinnen, mehr oder minder bestimmte Andeutungen über die Absichten des Königs gemacht, dass man also schon im Dezember 1400 einen Zug über die Alpen, als in nicht allzugrosser Ferne stehend, ins Auge gefasst hatte. Mitwirkend mag bei diesem Plane, neben den zum Teil so überaus freudigen italienischen Antwortbriefen, das Eintreffen eines Gesandten des Reichsvikars von Padua[1]) gewesen sein, der es sicher nicht an den nötigen Worten über die glänzenden Aussichten des Unternehmens fehlen liess. Wir werden noch öfters die Gelegenheit haben zu sehen, wie sehr von Anfang an Franz von Padua an der Spitze der gegen Mailand gerichteten Bemühungen stand, so dass auch schon dieser Grund uns die Berechtigung gibt, bei den italienischen

---

[1]) RTA. IV. p. 229; 16, 17, abgeschickt nach 11. November, Ankunft in Deutschland Anfang des Dezembers.

Umtrieben vor der Absetzung Wenzels nicht sowohl an Florenz, als vielmehr an Padua zu denken. Denn wie könnte man es sonst verstehen, dass Ruprecht seinem Gesandten Albrecht von Thannheim, den er nach Italien schickte[1]), um dort in Reichsangelegenheiten zu wirken, den Auftrag gab, mit den nicht dem Reiche zugehörigen Städten (wie Venedig) nur „nach dez herren von Padaw rate und underwisunge"[2]) zu verhandeln? Das zeugt entschieden von einem hohen Vertrauen, das Ruprecht auf Franz setzte. Und wir sehen nicht, dass jener jemals darin getäuscht worden wäre: während des ganzen Zuges stand Franz ihm stets mit Rath und That zur Seite, und bietet uns so ein angenehmes Gegenstück zur egoistischen, kleinlichen Politik der Florentiner. An diesen also sollte sich Albrecht wenden: noch nicht war von einem Romzuge in dessen Instruktion die Rede, obwohl natürlich die Gesandtschaft nur eine Vorbereitung des Zuges bezweckte, um die eine oder die andere Stadt von dem Bündnisse mit Mailand abzuziehen und sie für die Partei Ruprechts zu gewinnen. Die italienischen Fürsten und Kommunen sollten zu einem Tage in Deutschland Gesandte schicken, um mit Ruprecht zu berathen, „wie man unsers herren des koniges und des heilgen richs sachen forther handel und bestelle zu dem besten und nutzlichsten"[3]). Zur Unterstützung dieser Werbung gab Ruprecht seinem Gesandten eine Aufzeichnung der Fürsten, Herren und Städte, welche ihn als König anerkannten[4]): indess ist uns diese nicht erhalten[5]).

---

[1]) RTA. IV. nr. 188 (Ende Dezember 1400 bis Anfang Januar 1401).
[2]) RTA. IV. p. 219; 24, u. 30, 31. [3]) RTA. IV. p. 220; 1, 2. [4]) —. p. 219; 6. [5]) Anders: Weizsaecker, RTA. IV. nr. 189; dieser druckt an dieser Stelle eine äusserst umfangreiche Aufzählung ab, die aber von den Thatsachen in vielen Punkten abweicht: so sind z. B. zahlreiche Städte Schwabens als ihm unterthan bezeichnet, was im Dezember 1400 noch gar nicht der Fall war, und bei dem regen Handelsverkehr zwischen Italien und Deutschland sicher den italienischen Städten als Unwahrheit nicht unbekannt geblieben wäre. Sodann: dise nachgeschriben sint an unserme herre dem künige und ime gehorsam . . ., wird der Abschnitt eingeleitet. Wer ist unter diesem „ime" zu verstehen? es kann dies nur das kirchliche Oberhaupt, der römische Papst, sein. Darnach ist etwa das Stück auf Anfang August 1401 zu datieren, als Beilage zur Instruktion des nach Rom bestimmten Protonotars Albrecht, vgl. RTA. IV. nr. 11, art. 12.

Deutlicher tritt dann die Romzugsangelegenheit bei den Verhandlungen mit den Herzögen von Oesterreich, besonders mit Herzog Leopold IV., in den Vordergrund[1]). Denn darauf kam es vor allem an, sie, die die beste Alpenstrasse nach Italien, den Brennerpass, beherrschten, zu gewinnen, wenn nicht überhaupt der ganze Zug in Frage gestellt werden sollte. Dass jene, bewusst ihrer entscheidenden Stellung, diese auszunutzen versuchen würden, daran war nicht zu zweifeln. Deshalb wurden mit ihnen zuerst die Verhandlungen, welche immer im Hinblick auf den geplanten Zug nach Italien geführt wurden, eröffnet, bei denen jedoch nur die Italien betreffenden Punkte hervorgehoben werden sollen. Unzweifelhaft waren die beiden Urkunden[2]), mit welchen die Unterhandlungen beginnen, schon auf dem Krönungstage zu Köln (7. Januar 1401) Gegenstand der Berathung des Königs mit den Kurfürsten, deren Ergebnis die Instruktion für den auf den 30. Januar mit den österreichischen Herzögen verabredeten Tag zu S. Veit war. Hierbei ist es von ganz besonderem Interesse zu sehen, wie sich Ruprecht zu den österreichischen Forderungen auf das Erbe von Mailand, im speziellen auf Verona und Padua[3]) sich stellte. Darauf konnte er auf keinen Fall eingehen, da er sonst seinen treuesten Anhänger Franz von Padua beeinträchtigt hätte; aber es ist charakteristisch, dass nicht dies als Grund angegeben wird, wodurch die Interessenverschiedenheit beider noch mehr hervorgetreten wäre, während er sie doch beide notwendig brauchte, sondern dass dazu allgemeine Redensarten, wie dass er doch „Mehrer des Reiches" sein wolle, herhalten müssen, die ablehnende Antwort zu motivieren. Auch wird man kaum fehlgehen anzunehmen, dass unzweifelhaft schon bei Ruprecht eingetroffene Gesandte der Florentiner[4]) ihn auf das Gefährliche einer Einwilligung auf die Forderung der Oesterreicher aufmerksam gemacht haben, andrerseits aber ihr Möglichstes thaten, den Beschluss nach Italien zu ziehen, zustande zu bringen. Dagegen konnte Ruprecht

---

[1]) Hierüber: Donnemiller „der Römerzug Ruprechts von der Pfalz" (besonders seine Beziehungen zu Herzog Leopold). Rudolfswert. Progr. 1881.
[2]) RTA, IV. nr. 216—217. (Koblenz, 12. Januar 1401).   [3]) RTA. IV. nr. 217. art. 6.   [4]) s. u. p. 23.

den Herzögen ganz gut Versprechungen auf nicht zum Reiche gehörige mailändische Besitzungen, oder auch auf sonst ein paar Schlösser machen. Für diese und einige andere Leistungen verlangt der König Offenhaltung der Strassen und Pässe nach Italien und Hilfe gegen Mailand.

Anfang Januar also war ein Zug über die Alpen zum Kampfe gegen Mailand eine beschlossene Sache; noch fehlt aber jegliche Angabe über den Zeitpunkt desselben. Dass er möglichst rasch zustande käme, war die Hauptaufgabe der italienischen Gegner Mailands. Ihnen konnte jeder Verzug neue Gefahr, das Erscheinen Ruprechts in Italien bei einem günstigen Verlaufe Rettung bringen, bei einem ungünstigen aber ihre Lage nicht verschlimmern. Wie viele Verbannte Mailands mochten sich mit der Hoffnung getragen haben, jetzt wieder ihrem Besitz und ihrer Heimat zurückgeführt zu werden, Gedanken, wie sie von einem Andreas de Marinis von Cremona[1]), oder Petrus de Gualfredinis von Verona[2]) in prunkvollen, leidenschaftlichen Schreiben an Ruprecht übermittelt wurden.

Neben Franz von Padua trat in dieser Zeit auch Florenz in offene Beziehungen zu Ruprecht, und nahm bald die erste Stelle unter den italienischen Parteigängern ein[3]). Wie schon vorher Franz, hatte auch Florenz Mitte Dezember eine Gesandtschaft nach Deutschland zu schicken beschlossen, ohne dass wir dieser einen grösseren Wert beizulegen haben. Wichtiger ist die Beratung vom 3. Januar 1401: der abzuschickende Gesandte erhält den Auftrag, sich genau über die Pläne des neuen Königs, besonders bezüglich des Romzuges, zu informiren. Und schon sprach man es aus, dass der Romzug, wenn er zustande käme, den Florentinern Nutzen, Mailand aber Verderben bringen müsse. Und da man bei den kommenden Wirren in Italien gerüstet sein müsse, sollen die Festungen und Burgen in Verteidigungszustand gesetzt, mit König Ladislaus von Neapel aber Verhandlungen wegen einer Liga angeknüpft werden. Entscheidend für den diplomatischen Verkehr der Florentiner war der Aufenthalt des Bischofs Konrad von Verden, der nach Rom als Gesandter

---

[1]) RTA. IV. nr. 260.   [2]) RTA. IV. nr. 259.   [3]) Für das Folgende s. Beilage.

bestimmt war, in Florenz, vom 30. Januar¹), bis mindestens zum 8. Februar 1401²). Denn jetzt tritt zum ersten Male der Gedanke auf, dass Florenz zur Erfüllung seines Wunsches an den König eine gewisse Geldsumme auszahlen, und die Bemühungen seiner Gesandten durch eigene unterstützen müsse, vor allem um den Papst zur Approbation zu bewegen. Ausser nach Rom, beschlossen die Florentiner auch nach Deutschland Gesandte zu schicken, um mit dem Könige über die Bedingungen zu unterhandeln, unter welchen er geneigt wäre, ihren Wünschen nachzukommen. Und zu dieser Gesandtschaft nach Deutschland wurde Buonaccorso Pitti, der sich schon durch einen mehrfachen Aufenthalt in Deutschland empfahl³), gewählt, und ihm Ser Piero da Sanminiato beigegeben⁴), ohne dass dieser von irgend welcher Bedeutung gewesen zu sein scheint.

Neben den beiden Gesandtschaften nach Rom und an Ruprecht wurde auf Ansuchen Konrads ein weiterer Gesandte nach Oberitalien bevollmächtigt, um die Bemühungen Albrechts von Thanheim, den Kreis der Anhänger Ruprechts zu erweitern, auch seinerseits zu unterstützen⁵). Daneben beherrschte die florentinische Politik der Gedanke, wenn möglich, die alte Liga gegen Mailand wieder ins Leben zu rufen. Letzteres gelang aber nicht. Die Gesandten wurden wohl freundlich aufgenommen, ohne aber in der entscheidenden Frage Erfolg zu haben. Bologna, Ferrara und Venedig waren nicht geneigt, ihre bisher beobachtete Neutralität aufzugeben, während natürlich Franz von Padua ebenso sehr die Partei Ruprechts, wie Franz Gonzaga von Mantua diejenige Mailands begünstigte. Bisher war es also noch nicht möglich gewesen, in der politischen Lage eine Aenderung zu schaffen. Zwei feindliche Lager standen sich schroff gegenüber, stets bereit, bei Venedig über Friedensverletzung des Gegners Beschwerde zu führen, um dieses auf diesem Wege mit der Gegenpartei zu verfeinden. Je nach den Umständen antwortete der venezianische Rat unter Hinweis auf völlige Unkenntnis

---

¹) Minerbetti, cronicon in Script. rer. Ital. ed. Tartinius. II. c. 430ff. Sozomenus bei Muratori, SS. rer. Ital. XVI. c. 1171. ²) Beil. 8. Februar. ³) Scip. Ammirato. l. c. p. 93. ⁴) RTA. IV. nr. 258. ⁵) RTA. IV nr. 263.

mit den beklagten Vorgängen¹), oder liess gelegentlich einmal eine leise Verwarnung erteilen²): offen spielte er sich immer noch als Hüter des Friedens auf, während er es im Geheimen wohl geschehen liess, dass in Venedig Aktionen vorgenommen wurden, welche eine auch ihm erwünschte Schwächung Mailands zum Ziele hatten.

Nimmt man hinzu, dass auch in Rom alle Verhandlungen der Gesandten Ruprechts trotz der sicher höchst thätigen Unterstützung der Florentiner in der Hauptfrage, nämlich in der unverzüglichen Approbation des Königs, erfolglos blieben, dass man andrerseits auch von päpstlicher Seite auf einen Zug nach Italien drängte, so kann man sich denken, mit welchem Interesse man allseitig die Gesandtschaft Pittis an Ruprecht verfolgte³).

Wie wir oben gesehen, war man sich im florentinischen Rate über die Notwendigkeit eines Romzugs schon längst klar; dass man zu diesem Zwecke Geld anwenden müsse, war schon am 8. Februar Gegenstand der Verhandlungen, und ferner, dass nach Deutschland Gesandte geschickt werden sollten. Aber wohl mochte man noch auf Nachrichten über den Erfolg der Gesandten in Rom warten. Darum verzögerte sich die Abreise der Gesandten nach Deutschland: denn erst vom 21. Februar ist die Vollmacht datiert⁴), kraft deren Pitti berechtigt wird, Verträge zu schliessen, den Treueid zu leisten, u. a. m. Leider ist uns die eigentliche commissio, von der in den Akten öfters die Rede ist, nicht erhalten; allein wir sehen aus diesen, wie aus Pittis Berichte, dass es sich den Florentinern vor allem darum handelte, dass der Romzug noch in diesem Jahre 1401 angetreten werde, und dass der Gesandte auf keinen Fall über die zum Zwecke bewilligte Geldsumme, nämlich 100.000 Dukaten, hinausgehen dürfe; sollten grössere Anforderungen an ihn gestellt werden, so ist deswegen sogleich an den Rat zu schreiben. Im übrigen mag Pitti noch den Auftrag gehabt haben, die Lage Italiens möglichst günstig zu schildern. So brach denn

---

¹) RTA. IV. nr. 262. ²) RTA. IV. nr. 260. ³) Ueber diese s. Cronica di Buonaccorso Pitti, ed. G. Manni. Fir. .1720, die hierher gehörenden Stücke abgedruckt in d. RTA. IV. nr. 302, und vgl. auch d. Gesandtschaftsbericht Pittis, RTA. V. nr. 33. ⁴) RTA. IV. nr. 258.

Pitti mit seinem Genossen am 22. Februar¹) nach Deutschland auf, wobei sich ihm in Padua, als Bevollmächtigter des Reichsvikars, Dorde anschloss, um auch seinerseits den Romzug zu betreiben.

In Amberg, also nach dem 24. März, trafen sie beim Könige ein²), der sie auf jede Weise auszeichnete. Er mochte sich wohl schon mit dem Gedanken vertraut gemacht haben. seine in keiner Weise günstige Lage, namentlich jetzt nach dem erfolglosen, aber kostspieligen Feldzug gegen Böhmen, durch einen Romzug zu verbessern. Die Kosten dieses Zuges konnte er von sich aus nicht aufbringen; diese musste Florenz übernehmen. wenn er sich dem zu liebe in den Kampf mit Mailand einliess. Jedenfalls waren seine Erwartungen, denen er wohl auch den Gesandten gegenüber Ausdruck gab, auf das höchste gespannt, so dass sich Pitti wohl hütete, mit dem Angebote von 100.000 Duk. hervorzutreten. Bei den Verhandlungen über die Geldfrage bestimmten die Unterhändler des Königs, vielleicht weil sie durch florentinische Kaufleute erfahren hatten, dass Florenz eine auf 600.000 fl. Ergebnis geschätzte Steuer ausgeschrieben³), die Forderung anfänglich auf 500.000 fl., gingen aber dann auf 200.000 fl. zurück: so viel müsse der König haben, wenn von dem Zuge in diesem Jahre die Rede sein könne. Immerhin ging diese Summe über die der Vollmacht hinaus, so dass Pitti gezwungen war, nach Florenz zu schreiben, wohl mit dem dringenden Rate, der Forderung nachzugeben.

Wohl nur schweren Herzens mag Ruprecht seine Ansprüche auf die Summe von 200.000 fl. ermässigt haben, so dass er nicht mehr so zuversichtlich dem Romzuge entgegensah, wie früher. Wenn nun in dieser den Florentinern nicht gerade

---

¹) Die Daten schwanken bei dem offiziellen Gesandschaftsberichte, und der Chronik Pittis; im allgemeinen haben diejenigen der Chronik mehr Wahrscheinlichkeit für sich. Der 22. Februar ist vielleicht so zu erklären, dass Pitti zu dieser Zeit gar nicht in Florenz war, und Ser Pero an diesem Tage mit der Vollmacht zu ihm eilte. ²) Nach dem offiziellen Bericht am 18. März, wo sich Ruprecht noch in Nürnberg aufhielt. Vgl. Chmel. Regesta Ruperti regis Romanorum. Fkf. 1834. nr. 293, 294. ³) Morelli, l. c. p. 309.

günstigen Zeit ein allem Anscheine nach von Galeazzo gegen den König gerichtetes Attentat auf Grund einer von Pitti kurz vorher ausgesprochenen Warnung entdeckt wurde, also zur politischen Feindschaft gegen diesen nun auch die persönliche sich gesellte, so ist das doch ein zu grosser Glückszufall, als dass man nicht annehmen möchte, dass jene beiden Gesandten ihre Hände bei der Intrigue im Spiel gehabt hätten[1]). Jedenfalls war durch dieses Ereignis Ruprecht in seiner Absicht, nach Italien zu ziehen, bestärkt und kam somit den Plänen Pittis entgegen.

Von Amberg wandte sich Ruprecht nach Nürnberg, wohin er die Grossen des Reiches auf den 1. Mai berufen hatte[2]). Dass auf diesem Tage die Romzugsfrage zur Sprache kam, ist selbstverständlich; das bezeugen auch die zahlreichen Anknüpfungen mit auswärtigen Mächten, welche im Hinblick auf den Zug eröffnet wurden, so mit Savoyen, Frankreich, den Eidgenossen und Aragonien[3]): aber da diese Verbindungen von geringem Einfluss auf die Vorbereitungen des Zuges waren, ist es nicht nötig, an dieser Stelle näher auf sie einzugehen. Viel wichtiger war natürlich die Ankunft Konrads aus Rom, und mit ihm die Antonios de Montecatino[4]): aber sie brachten nicht den gewünschten Bescheid; vielmehr erregte schon die Form des Kredenzbriefes Montecatinos grossen Unwillen bei König Ruprecht, den er auch in entsprechenden Worten dem Papste und den Kardinälen merken zu lassen sich nicht scheute[5]). Noch weniger entsprach der Inhalt der päpstlichen Antwort seinen Erwartungen: „moram periculosam implicans responsum" nennt er sie[6]). Denn was nutzte ihm eine Approbations-Urkunde[7]), die in einer Form abgefasst war, dass er sie auf keinen Fall annehmen konnte,

---

[1]) Höfler, l. c. p. 212, spricht von einem Rechtfertigungsschreiben Pittis: dies wird wohl eine Verwechselung mit einem Schreiben Galeazzos sein, das denselben Zweck, wie mir scheint, mit grossem Geschick verfolgt. RTA. IV. nr. 308. nr. 303 nr. 304. ²) RTA. IV. nr. 267, art. 3.
³) RTA. IV. nr. 297 ff. nr. 314, nr. 294 ff., nr. 293 und 292, nr. 315 ff.
⁴) RTA. IV. p. 399; ₁₄. Ulman Stromer in Chroniken der deutschen Städte I. p. 54; ₂₄. ⁵) RTA. IV. p. 27; ₃₁ ₃₀. ⁶) RTA. IV. p. 27; ₂₁ ₂₉. ⁷) RTA. IV. nr. 6.

oder dass der Papst mit der Forderung eines schleunigen Einmarsches in Italien an ihn herantrat, ohne selbst auch nur die geringste Verpflichtung für die Zukunft zu übernehmen. Am besten zeigt sich die Unzufriedenheit des Königs über diese Haltung des Papstes in den Antworten, die er dem nach Rom zurückkehrenden Montecatino mitgab, welche an Kürze nichts zu wünschen übrig lassen[1]).

Vielleicht wäre der Zug ganz in Frage gestellt worden, wenn nicht die italienischen Gesandtschaften von Padua und Florenz alles daran gesetzt hätten, ihn doch zum Zuge zu bewegen. „Und man lag kunk Ruprecht vast an, daz er gen Welissen landen und gen Rom zien solt", berichtet Ulman Stromer von der Thätigkeit der fremden Gesandten auf dem Tage von Nürnberg[2]). Und wie sehr deren Agitation Ruprecht gefiel, zeigt uns ein Lob, das derselbe der Beredsamkeit des paduanischen Gesandten zuerteilt[3]). Zugleich scheint jetzt auch die Antwort aus Florenz eingetroffen zu sein, auf Grund deren die Verhandlungen zu einem gewissen Abschluss gelangten. Florenz gab nach, indem die vertragsmässige Unterstützung auf 200.000 fl. festgesetzt wurde, ohne jedoch wohl die Zahlungsbedingungen genau anzugeben. Wie sehr aber Pitti Ruprecht gegenüber das Opfer, das Florenz bringe, betont haben mochte, ersieht man schon daraus, dass sich Ruprecht bewogen sah, sich über die Höhe seiner Ansprüche zu entschuldigen, die er aber stellen müsse, wenn er auch wisse, wie schwer es Florenz falle, eine solche Summe aufzubringen[4]); und dass diese nur im Interesse Italiens, d. h. von Florenz verwandt werden sollte, war eigentlich klar; allein der vorsichtige Florentiner liess sich noch eine ausdrückliche Versicherung davon geben[5]). Zu einem definitiven Vertrage kam man in Nürnberg doch nicht: Pitti gibt als Grund an, dass zu wenig Fürsten auf dem Tage anwesend gewesen seien, so dass es rathsam erschien, die so schwerwiegende Entscheidung auf einem weiteren Tage

---

[1]) RTA. nr. 8, 9. (12. Mai 1401).   [2]) St. Chr. I. 51; $_1$.   [3]) RTA. IV. p. 372; $_{39}$. (15. Mai 1401).   [4]) RTA. IV. nr. 305. (23. Mai 1401).
[5]) RTA. IV. nr. 306. (23. Mai 1401).

zu treffen. Diese Angabe stimmt auch damit überein, dass der König nur die archiprincipes nach Nürnberg berufen[1]) hatte, so dass wir es hier mit Vorberathungen zu thun haben. Immerhin ist es gut, den Vertragsentwurf[2]) zwischen Ruprecht und Florenz schon an dieser Stelle zur Erörterung heranzuziehen, weil auf ihm alle anderen Entwürfe beruhen, und wir dann nur auf die Aenderungen dieser gegenüber dem ersten hinzuweisen haben.

Art. 1. Pro celeriori expedicione in Italiam will Florenz als Geschenk (dono) 200.000 Duk.[3]) zahlen, in exterminium comitis Virtutum. Ruprecht kann von deutschen Kaufleuten vor Antritt des Zuges als erste Rate 110.000 Duk. aufnehmen, welche es unter gewissen Bedingungen in Venedig auszuzahlen verpflichtet ist.

Art. 2. Den Rest, also 90.000 Duk., zahlt es in Venedig oder einer anderen Stadt Italiens für die Besoldung der Truppen in den der ersten Zahlung folgenden zwei Monaten, insofern der König in Italien ist cum felici exercitu suo ad invadendum territorium comitis Virtutum hostiliter et potenter, exclusis dolo et fraude.

Art. 3. Gegen entsprechende Bürgschaft leiht Florenz weitere 200.000 Duk. in Monatsraten.

Art. 4. Bestätigung der florentinischen Privilegien.

Art. 5. Ruprecht muss presenti anno (1401) nach Italien ziehen, und zwar einundeinhalben Monat nach Empfang der ersten Rate. Bei einem eventuellen Tode des Königs verliert Florenz das ausgezahlte Geld ohne Ansprüche an die Nachkommen desselben.

Art. 6. Der König verpflichtet sich pro posse Mailand zu vernichten, im übrigen aber Florenz in seiner Freiheit und Rechten zu erhalten.

---

[1]) RTA. IV. nr. 267. art. 3.   [2]) RTA. IV. nr. 307. (c. 23. Mai 1401.)   [3]) Trotzdem auf 100 Duk. 110 fl. gerechnet wurden, ist die Unterscheidung der beiden Geldsorten in keiner Weise streng durchgeführt, so dass es vielfach am besten ist, der Quelle zu folgen. Vgl. RTA IV. p. 7; p. 215 nt. 1.

Dieser Entwurf erscheint als ein solches Meisterstück der florentinischen Diplomatie, dass es doch interessant ist, denselben mit einem Kommentar zu versehen.

Man kann nicht läugnen, dass der Entwurf in Wahrheit ein Mietsvertrag ist, wenn man auch dieses Verhältnis durch den Zusatz „dono" zu verdecken suchte. Beiderseits verpflichtet man sich zu Leistungen; kommt eine der Parteien diesen nicht vertragsmässig nach, so ist auch natürlich die andere zu nichts weiter verpflichtet. Florenz opfert Geld für ein **glücklich** verlaufendes Unternehmen (vgl. Art. 2). Denn leistet der König nicht das, was man von ihm erwartet, so ist es berechtigt, sich vom Vertrage loszusagen; anders kann man die Zusätze, wie „cum felici exercitu", und „hostiliter et potenter" etc., nicht auffassen. Und es scheint, als ob man von deutscher Seite auch eine Ahnung von der Wichtigkeit jener Klauseln gehabt, und dass man doch die Bedeutung der 5 ersten Artikel abzuschwächen suchte, indem man einen 6. Artikel anfügen liess, der im wesentlichen gar nichts neues besagte, aber doch den kleinen, in der Sache aber sehr wichtigen Zusatz „pro posse" enthielt. Immerhin ist es Thatsache, dass nur grenzenloser Optimismus und Unkenntnis der Zustände in Italien einem solchen Vertragsentwurfe ihre Zustimmung geben konnten.

Einstweilen fehlte noch dem Entwurfe die Unterschrift. Ruprecht beeilte sich, denselben an Franz von Padua, der stets neue Beweise seiner Treue gab[1]), zur Begutachtung zu übersenden[2]), die bei der unzweifelhaften Mitwirkung paduanischer Gesandten kaum anders als zustimmend ausfallen konnte. Es lag auch gar nicht in seinem Interesse, den König auf die gefährlichen Klauseln des Entwurfs aufmerksam zu machen; sondern auch für ihn war es eine Existenzfrage, möglichst rasch den König gegen Mailand ins Feld zu bringen.

Zu gleicher Zeit wanderte der Entwurf nach Florenz zur Bestätigung, wobei Ruprecht sich doch noch bewogen sieht, zur Annahme desselben zu mahnen, da sonst von einem Zuge „pro presenti" keine Rede sein könne[3]). Es ist dies wohl nur

---

[1]) RTA. IV. nr. 311, (15. Mai 1401).   [2]) RTA. IV. nr. 312. (26. Mai 1401.)   [3]) RTA. IV. p. 367; 16, 17.

eine Nachwirkung von dem Sträuben Pittis, bis er in Bezug auf die Geldforderung aus diplomatischen Rücksichten nachgab, während er andrerseits allem Anscheine nach es auch nicht unterliess, auf die voraussichtliche Annahme der Bedingungen von Florenz, so schwer sie auch seien, hinzuweisen. Denn wir können aus verschiedenen Regierungsakten deutlich erkennen, dass Ruprecht jetzt schon völlig von dem Zustandekommen des Zuges überzeugt war. So erhielt Franz von Padua von ihm eine Vollmacht, in Sachen des „de proximo" stattfindenden Zuges zu verhandeln, besonders aber Venedig zu gewinnen[1]).

Unter ausdrücklicher Betonung, dass es sich um die Beschlussfassung über den Zug nach Italien handle, wurden dann Fürsten und Städte zu einem Reichstag nach Mainz auf den 29. Juni berufen[2]). Bis dahin, mochte man hoffen, würde wohl die Bestätigung des Nürnberger Entwurfs von Florenz eingetroffen sein. In der Zwischenzeit war man natürlich auch nicht müssig: so wurden die Städte aufgefordert, ihre Boten zum 12. Juni nach Mainz zu senden[3]), um mit den Räten des Königs „zu reden umbe hulffe und dienste uns zu deme selbe tzoge zu dun[4])". Und an die Grafen und Herren in Deutschland, vermutlich ebenfalls wegen des Heeresdienstes, wurde Bischof Konrad von Verden bevollmächtigt[5]).

Wie sehr der Plan eines Romzuges in Deutschland Aufsehen erregte, vermag man schon aus der so überaus zahlreichen Beteiligung an dem Reichstag zu Mainz ersehen[6]), auf dem natürlich die Berathung über den Zug im Mittelpunkt des Interesses stand. Hier gelangte man endlich[7]) zu einer, wie es schien, endgiltigen Vereinbarung mit Florenz, deren Inhalt uns Pitti überliefert[8]): wenn Ruprecht sich mit Heeresmacht den ganzen kommenden September in der Lombardei aufhält, werden seinem Kommissär in Venedig 50.000 Duk., und dann in 3 Raten di tempo a tempo weitere 150.000 Duk. ausbezahlt[9]).

---

[1]) RTA. IV. nr. 313. [2]) RTA. IV. p. 401. [3]) RTA. IV. nr. 344.
[4]) RTA. IV. nr. 345. [5]) RTA. IV. nr. 287. [6]) RTA. IV. p. 401, 402.
[7]) Dopo molti consigli e pratiche tenute. RTA. IV. p. 362; [8]) —. p. 362. art. 9. [9]) Dieser Abschnitt bei Pitti erregt einigen Verdacht,

Ein Vergleich mit dem Entwurf, der in Nürnberg aufgesetzt war, zeigt eine entschiedene Modifizierung im florentinischen Interesse: die Florentiner mochten wohl nicht zum voraus als erste Rate 110.000 Duk. riskieren, sondern wollten erst den Erfolg abwarten. Leider sind die näheren Bestimmungen nicht erhalten: aber so viel erscheint sicher, dass man in Mainz einen definitiven Vertrag geschlossen zu haben glaubte, wie nun auch Ruprecht nicht mehr zögerte, die Privilegien von Florenz in vollem Umfange zu bestätigen und die Stadtobrigkeit zum Generalvikar zu ernennen[1]). Auf Grund dieses Vertrages mit Florenz stand dem königlichen Aufgebot nichts mehr im Weg: „mit unseren kurfürsten und etlichen anderen unsern und dez richs fursten, graven und herren rate" werden die Reichsstädte, und so jedenfalls auch die Fürsten und Herren des Reiches, aufgefordert, mit der üblichen Glevenzahl sich „of unser frauwentag" (8. September) zu Augsburg am Lech einzustellen, um wegen der Krönung „uber berge gein Lamparthen" zu ziehen.

Alles schien aufs beste von statten zu gehen: noch eine grosse Zahl anderer Reichsangelegenheiten, welche zum teil auch gewisse Beziehungen zum Romzuge hatten, wurden rasch erledigt[2]). Grösseres Interesse nimmt die Anwesenheit zweier päpstlicher Gesandten in Mainz[3]) in Anspruch; wir wissen zwar nicht, mit welchem Auftrag sie gekommen, wir können aber vermuthen, dass sie die ungünstige Wirkung der Gesandtschaft Montecatinos abschwächen sollten, was ihnen auch insoweit gelungen zu sein scheint, als bald darauf auch Ruprecht durch einen besonderen Gesandten, den Protonotar Albrecht, die Verhandlungen mit der Kurie wieder aufnahm[4]). Auch

---

wenn man bedenkt, dass sowohl in Nürnberg, als auch späterhin in Augsburg, und auch bei den Berathungen des florentinischen Rates am 28. Juli jeweils von einer Zweiteilung, mit 110.000 fl. als erster Rate die Rede ist. (s. Beil.).

[1]) RTA. IV. nr. 358. [2]) RTA. IV. Tag zu Mainz, Juni-Juli 1401.
[3]) RTA. IV. p. 476; 10, 11. Diese beiden Boten sind vielleicht mit den RTA. IV. p. 2 und 3 genannten päpstlichen Gesandten zu identifizieren.
[4]) RTA. IV. nr. 10—14.

mögen sie nicht ohne Einfluss auf die Beschlussfassung des Romzuges, mit dem ein besonderer Wunsch des Papstes erfüllt zu werden schien, gewesen sein.

Da traf den König eine schwere Enttäuschung[1]): man hatte die Ausschreiben ins Reich versandt in der festen Hoffnung, dass alle Verabredungen, die man getroffen, ausgeführt werden könnten. Nun aber erklärten die deutschen Kaufleute, welche versprochen hatten, Ruprecht die ihm von Florenz in Aussicht gestellten 50.000 Duk. nicht zahlen zu können, da ihre Geschäftsfreunde in Venedig ihnen den Kredit verweigerten, nachdem sie in Erfahrung gebracht, wozu das Geld verwandt werden sollte. Gegen diese Erklärung halfen weder Bitten noch Drohungen: das Geld war von den Kaufleuten nicht zu bekommen. Die Lage des Königs war so eine höchst peinliche: er selbst war finanziell ganz und gar machtlos; aber seine Ehre verlangte die Ausführung des Beschlusses. In seiner Not wandte er sich an Pitti, der wohl merkte, dass jetzt der ganze Plan in Gefahr stand zu scheitern, mit der Bitte, möglichst rasch nach Florenz zu eilen, um von dort wenigstens 25.000 Duk. ihm nach Augsburg entgegenzuführen. In eindringlichen Worten schilderte er Pitti gegenüber, wie er in dessen Vollmacht an Florenz, seine bedrängte Lage; ohne genügende Geldunterstützung könne zu seinem und der Florentiner Schaden in diesem Jahre aus dem Zuge nichts werden. Trotz alles Sträubens Pittis, der wohl ahnte, dass die Reise nutzlos sein würde, musste sich dieser, um Ruprecht zu Gefallen zu sein, auf den Weg machen, doch kaum ohne den König unter Vorspiegelungen auf die Hilfe der Florentiner zu weiteren Rüstungen zum Zuge zu bestimmen.

Denn wie wäre es sonst möglich gewesen, dass Ruprecht bei einer solchen Sachlage noch die Hoffnung hegen konnte, durch die Absendung Pittis von Florenz sogar 110.000 Duk. in baarem Gelde zu erhalten, ja sogar zwei Gesandte bevollmächtigte, eine solche Summe zu erheben[2]), und wegen des Geleits von „100.000 gulden oder ein wen'g me" mit den Herzögen von Oesterreich, oder

---

[1]) Für das Folgende wieder Pitti, l. c.   [2]) RTA. IV. nr. 361. (20. Juli 1401) für Konrad von Freiberg und Johann von Mittelburg.

wenn diese sich weigerten, mit Venedig oder Padua zu verhandeln[1])? Bei einem anderen Charakter, wie dem Ruprechts, könnte man auf den Gedanken kommen, dass dies alles nur fingiert sei, um im Reiche dem Zweifel an einem Zustandekommen des Zuges den Boden zu entziehen, wenn sich das Gerücht von dem bevorstehenden Eintreffen solcher Geldsummen verbreitete; bei Ruprecht aber ist das eben ein neuer Beweis seines unverkennbaren Optimismus, mit dem er sich gerne über unangenehme Situationen hinwegtäuschte. Wir werden noch öfters Gelegenheit haben, diesen für ihn so unheilvollen Charakterzug zu bemerken und zu verurteilen. Wie hinterlistig Florenz dem Könige gegenüber verfuhr, zeigen uns am besten die Verhandlungen der signori: zwar erkannte man die Notwendigkeit der Ankunft Ruprechts an; darum soll man ihn durch Versprechungen zum Zuge bewegen, aber diesen, nur wenn es sich nicht anders machen liesse, nachkommen. Man dachte wohl gegen ihn gerade so zu verfahren, wie gegen den Grafen von Armagnac. Ruprecht aber zweifelte keinen Moment an der Vertragstreue der Florentiner.

Als einen wichtigen Erfolg konnte es Ruprecht betrachten, dass jetzt auch die Herzöge von Oesterreich für ihn gewonnen wurden. Besonders angenehm war dabei, dass er nur verpflichtet war, „zu Lamparten etwaz stette oder geslosse" ihnen als Lohn aus der Beute zuzuteilen[2]). Dass unter diesen Städten Verona, Vicenza und andere, die auch Franz von Padua aus der Beute für sich erhoffte, gemeint waren, ist klar; man wollte die Städte nur nicht nennen, um nicht den anderen Anwärter zu verletzen. Ruprecht musste eben den Forderungen der Herzöge nachgeben, da alle Verhandlungen mit den Eidgenossen der Schweiz und mit dem Grafen von Savoyen, um durch deren Gebiet Durchzug zu erlangen, ohne Erfolg blieben, abgesehen davon, dass es nicht wünschenswert erschien, so weit weg von Padua, ohne jeden militärischen Rückhalt zu haben, den Kampf mit Mailand zu eröffnen.

Die Brennerstrasse konnte allein für ihn in Betracht kommen: aber sollte sich der König sogleich an den Mauern

---

[1]) RTA. IV. nr. 357. [2]) RTA. IV. p. 424; ;.

des äusserst festen Verona, das den Ausgang des Passes gegen die Poebene beherrschte, den Kopf zerschellen? Soweit aber traute Ruprecht den Vorspiegelungen der italienischen Grossen doch nicht, dass er dem Glauben verschenkt hätte, wenn Wilhelm de Castala, Podestà von Padua, ihm schrieb[1]), keine Macht der Welt könne es verhindern, dass eben jenes Verona sofort bei des Königs Erscheinen ihm zufalle. Sicher war es Franz von Padua, der mit der grössten Bereitwilligkeit ihn stets von den Vorgängen in Italien unterrichtete[2]), der einen massgebenden Einfluss bei den militärischen Beschlüssen ausübte. Auf ihn wird dann auch zurückzuführen sein, dass schon am 10. Juli ein Angriff auf das wichtige Brescia ins Auge gefasst wurde[3]). Dort, in den Bergen bei Brescia, waren zahlreiche Adelsfamilien angesessen, welche nur mit Grimm der Herrschaft Mailands sich beugten, und sehnsüchtig der Ankunft des neuen Königs harrten, um gegen den Feind loszuschlagen. Darum mochte es rathsam sein, mit dieser Partei, an deren Spitze Petrus de Lodrone stand, in Verbindung zu treten. Diesen Feldzugsplan, der immerhin manches für sich hatte, nahm Ruprecht an; er bevollmächtigte zwei Gesandte, von denen Johanniolus von Como, wohl auch ein von Galeazzo vertriebener Edelmann, die Verhältnisse in den Bergen Brescias aus eigener Anschauung kennen mochte, an Petrus de Lodrone und dessen Parteigänger in montanea Brixie[4]): hier sollen sie sich nach den Wegen durch das Gebirge erkundigen, die Strassen, welche das Heer einschlagen könnte, öffnen und herrichten lassen, und für die nötigen Lebensmittel an den Marschstrassen sorgen; am 29. September sollten die dortigen Edelleute den Kampf gegen Mailand beginnen; er selbst werde zu derselben Zeit den Boden Italiens mit seinem Heere betreten[5]).

Damit war der Zug nach Italien fest bestimmt: auf dem Reichstage zu Mainz war der Romzug beschlossen und das

---

[1]) Aus f. 40 des cod. 1718 der Laurenziana, der bisher noch nicht benutzt war und gerade für die Zeit Ruprechts manch neues Material enthält, einer Briefsammlung v. J. 1469 (s. fol. 135) Prof. Wille in Heidelberg verdanke ich die Einsicht in den Codex. [2]) RTA. IV. p. 373; 8, 9. [3]) RTA. IV. p. 472; 12. [4]) RTA. IV. p. 439; 40. [5]) RTA. IV. nr. 366. 367 art. 6.

Aufgebot erlassen; am 8. September musste sich dieses in Augsburg zusammenfinden, um dann am 29. September die Feindseligkeiten zu eröffnen. Das Geld, das zum Zuge nötig wurde, war zwar noch nicht vorhanden; aber der König hegte, vertrauend auf die Hilfe von Florenz, die feste Hoffnung, es noch rechtzeitig und in genügender Menge zu bekommen.

Inzwischen rüstete man sich auch in Italien zu dem bevorstehenden Kampfe. Hierbei kam es vor Allem auf die Stellung an, die Venedig beobachten werde. Bisher war es, wie wir gesehen, entschieden neutral geblieben; nichts gab ein Anzeichen, dass es geneigt sei, aus seiner Neutralität herauszutreten. Trotzdem wurden immer neue Versuche gemacht, es auf die eine oder die andere Seite zu ziehen. Von Ruprecht war zu solchen Verhandlungen Franz von Padua bevollmächtigt; zugleich liess er durch den nach Padua zurückkehrenden Gesandten Dorde dem Rate von Venedig von den mit Florenz zu Nürnberg getroffenen Vereinbarungen und von seinem in Aussicht stehenden Romzuge Mitteilungen machen[1]). Aber die Antwort[2]) enthielt wieder nichts, ausser den „gewohnten Versicherungen der Höflichkeit"[3]): Die Signorie hoffe, unter Beteuerung ihres Wohlwollens gegen das bairische Haus, und besonders gegen den König, dass auch der Romzug ihm zum Ruhme, dem Reiche und der Christenheit zum Heile ausfallen möge, aber mit dem bezeichnenden Zusatze „cum quiete et pace Italiae", trotzdem ihr doch der eigentliche Zweck des Zuges aus dem Vertrage mit Florenz bekannt war.

Dieser nämlichen Tendenz, Hüterin des Friedens in Italien zu sein, entsprach es auch, dass die Signorie Franz von Padua entschieden riet, alles zu vermeiden, was dem Herzog von Mailand irgendwie Anlass geben könnte, den Krieg zu beginnen; sollte jedoch Mailand dem Frieden gefährlich werden, so sei auch sie bereit, geeignete Gegenmassregeln zu ergreifen; im übrigen sei ihr von mailändischen Rüstungen, von denen Franz

---

[1]) RTA. IV. nr. 309, 310 art. 1. [2]) RTA. IV. nr. 310 art. 2 ff. (17. Juni 1401). [3]) Le Bret, die Staatsgeschichte der Republik Venedig. I. Teil, II. Abt. p. 279. [4]) RTA. IV. nr. 262.

ihr berichtet habe, noch nichts bekannt. Und dieselbe Antwort erhielt der Herzog von Mailand auf seine Beschwerden über Padua und Florenz¹). Solcher Redensarten bedurfte eben die Politik der Neutralität: man musste sich den Anschein geben, als stehe man zwischen den Parteien, eifrigst bemüht, alle Beschwerden beizulegen, ohne sich auch nur im geringsten zu verpflichten. Wieder als man in Mainz definitiv den noch in diesem Jahre 1401 stattfindenden Zug beschlossen hatte, schickte Ruprecht eine neue Gesandtschaft nach Venedig ab, um unter dem Eindruck jenes Beschlusses nochmals zu versuchen, es zum Bündnis mit ihm zu bewegen²). Es war aber schwerlich von dem Könige klug, dass er in der Instruktion für seine Gesandten noch ausdrücklich hervorhob, dass er nur „mit grossen kosten, arbeit, und kummernisse" das Reich fast ganz gebracht, und nun wiewol er vaste sich verkostiget und dass sin usageben habe³), doch den Zug nach Italien unternehme, für den er um den Beistand Venedigs bitte⁴).

Eigentlich hätte es doch in seinem Interesse gelegen, seine misliche finanzielle Lage nicht bekannt werden zu lassen; jedenfalls war es kaum ein gutes Mittel, sich neue Verbündete zu erwerben, wenn er nicht etwa diesen gegenüber gleichsam sich entschuldigen wollte, dass er in ein thatsächlich recht schimpfliches Vertragsverhältnis mit Florenz sich eingelassen. Auf der anderen Seite ruhte auch Galeazzo nicht mit Versuchen, nicht etwa Venedig auf seine Seite zu ziehen, sondern vielmehr es nur zu bestimmen, Farbe zu bekennen. Ein meisterhaft diplomatischer Schachzug war es, dass er an den Rat sowohl ein Schreiben Ruprechts, in dem dieser ihn des Giftversuches beschuldigte, als auch seine eigene Verteidigung zur Begutachtung übersandte. Denn entweder erkennt der Rat diese als glaubwürdig an, dann bezichtigt er den König der Verläumdung, oder erklärt Galeazzo als Giftmörder. Zwei Tage lang dauerten die Verhandlungen in dieser Frage, bis man schliesslich auch eine ganz vortreffliche

---

¹) RTA. IV. nr. 262. ²) RTA. IV. nr. 362. (20. Juli 1401). ³) RTA. IV. p. 437; 15—16. ⁴) RTA. IV. nr. 363.

Antwort fand: man bedauert die ganze Angelegenheit, und hofft, es möge seine Unschuld an den Tag kommen[1]).

An dieser Stelle mag noch der Verhandlungen Ruprechts mit König Martin von Aragonien gedacht werden, die jetzt in so fern eine festere Gestalt annahmen, als Ruprecht eine aragonesische Hilfsflotte unter dem Kommando des Admirals Jacobus de Pratis verlangte. Diese soll sich, etwa 10 Galeeren stark, im „pisischen Meere" zeigen, um etwaige Unternehmungen der florentinischen Landmacht gegen Pisa zu unterstützen[2]). Kam dieser Vorschlag zur Ausführung, so musste Galeazzo seine Truppenmacht zersplittern; andrerseits konnte auch Florenz hoffen, bei dieser Gelegenheit sich wieder den Zugang zum Meere zu öffnen, der ihm jetzt durch Uebergang Pisas in mailändische Hände versperrt war. Indess blieb es bei dem Plane, da sich die Erfolglosigkeit des deutschen Angriffes auf Mailand zu bald herausstellte, Galeazzo aber ganz gut einen Teil seines Heeres vom lombardischen Kriegsschauplatze nach Toscana entsenden konnte, so dass auch den Florentinern die Möglichkeit zu grösseren Operationen genommen war.

Doch wenden wir uns den Rüstungen Ruprechts in Deutschland selbst zu; sie waren, wie wir gesehen haben, trotz der ablehnenden Haltung der deutschen Kaufleute, nicht unterbrochen worden. Indess kann es nicht meine Aufgabe sein, näher auf die Verhandlungen mit den einzelnen Reichsständen wegen der Beteiligung an dem Zuge einzugehen: man findet die diesbezüglichen Zusammenstellungen vollständig in den Reichstagsakten[3]). Die Summe dieser ist in zwei Kostenüberschlägen[4]) zu dem ersten Monat gezogen, von denen für uns der zweite der massgebende ist. Im Ganzen sind ungefähr 3200 Gleven zu je 3, bei der Leibwache des Königs und der Königin zu je 4 Pferden berechnet, mit einem Solde von ungefähr 79.000 fl.[5]),

---

[1]) RTA. IV. nr. 364. 365. (Juli 26. und 28. 1401). [2]) RTA. IV. nr. 369. art. 6—9. [3]) RTA. IV. Reichstag zu Mainz. Juni-Juli 1401. lit. I. ff. [4]) RTA. IV. nr. 390. 391. [5]) Burggraf Friedrich VI. von Nürnberg erklärt, mehr als 25 fl. für die Gleve verlangen zu müssen, worauf jedoch Ruprecht nicht eingehen konnte, weil sonst auch die anderen einen höheren Sold beansprucht hätten. RTA. IV. nr. 377. art. 2.

welche für den ersten Monat vorausbezahlt werden sollten. Immerhin ist diese Summe für einen, der sich „vaste verkostiget" und all das Seine ausgegeben hat, eine recht beträchtliche zu nennen. Jedoch hatte er noch die Hoffnung, dass Pitti das florentinische Geld nach Augsburg bringen würde. Aber ist es nicht unbegreiflich, dass Ruprecht nicht auch die Möglichkeit ins Auge gefasst zu haben scheint, dass das Geld doch ausbleiben könne? Welchen Eindruck musste es machen, wenn der König dann dem Heere, das er zu einem mindestens 3—4 Monate dauernden Zuge aufgeboten, gleich den ersten Monatssold nicht zahlen konnte? Das alles aber scheint er sich nicht überlegt zu haben; und man kann wohl mit Recht sagen, dass eben diese finanzielle Abhängigkeit von dem guten Willen des Bundesgenossen den Miserfolg des ganzen Zuges zur Folge haben musste.

Bevor Ruprecht den Zug über die Alpen antrat, mochte es wohl gut scheinen, mit Wenzel in Unterhandlungen zu treten, um wenn irgend möglich friedlich sich mit ihm auseinanderzusetzen. Dabei hat Wenzel einen höchst merkwürdigen Vorschlag gemacht: Ruprecht solle König bleiben, Wenzel jedoch die Kaiserwürde sich erwerben. Darauf konnte Ruprecht auf keinen Fall eingehen: denn um Kaiser zu werden, müsse man deutscher König sein; das sei jener aber nicht, da er rechtmässig abgesetzt sei; Ruprecht selbst müsste dann vorher die Krone niederlegen; aber ob dann die Kurfürsten bei der Neuwahl Wenzel wählten, erscheine ihm zum mindesten zweifelhaft[1]). Da aber auch Ruprechts Forderungen an Wenzel nicht gerade bescheiden waren, so war es nicht zu verwundern, dass sich die Unterhandlungen über ein friedliches Uebereinkommen zerschlugen. Um aber Wenzel die Möglichkeit eines Eingreifens in Deutschland während des Romzuges zu nehmen, musste man ihn im eigenen Lande festhalten. Zu diesem Zwecke sehen wir Ruprecht in enge Beziehungen zu der böhmischen Adelsopposition, mit Jost von Mähren an der Spitze, treten[2]). So konnte sich in Deutsch-

---

[1]) RTA. IV. nr. 392. art. 1.   [2]) RTA. IV. nr. 393 396.

land das Gerücht verbreiten, die Heeressammlung in Augsburg habe nicht den Romzug, sondern einen neuen Krieg mit Wenzel im Auge[1]). Und so sehr rechnete man mit dieser Möglichkeit, dass Strassburg sich beeilte, seinen Gesandten den Auftrag zu geben, sich in Mainz nach der Stellung der übrigen Städte zu dieser Frage zu erkundigen.

Thatsächlich konnte darüber kein Zweifel herrschen, dass Ruprechts Ueberzeugung dahin ging, dass nur auf dem Boden Italiens die Entscheidung zwischen ihm und Wenzel fallen könne; die Kaiserkrönung in Rom musste sie zu seinen Gunsten wenden.

---

¹) RTA. IV. p. 480; 4.